MINISTÈRE DE LA GUERRE

DIRECTION DE L'INFANTERIE

RÈGLEMENT PROVISOIRE
DE
MANŒUVRE D'INFANTERIE
DU 1er FÉVRIER 1920

PREMIÈRE PARTIE

Volume mis à jour le 1er septembre 1922.

PARIS
CHARLES-LAVAUZELLE & Cie
Éditeurs militaires
124, Boulevard Saint-Germain, 124

MÊME MAISON A LIMOGES

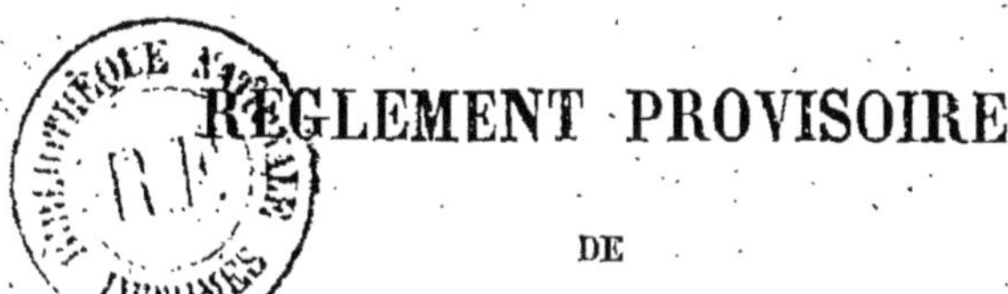

RÈGLEMENT PROVISOIRE

DE

MANŒUVRE D'INFANTERIE

DU 1er FÉVRIER 1920

MINISTÈRE DE LA GUERRE

DIRECTION DE L'INFANTERIE

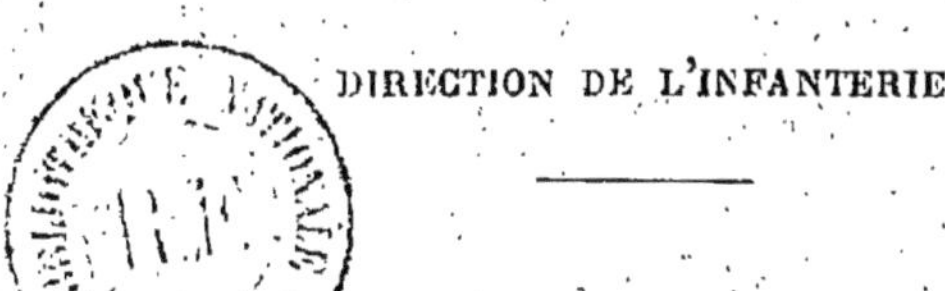

RÈGLEMENT PROVISOIRE
DE
MANŒUVRE D'INFANTERIE
DU 1er FÉVRIER 1920

PREMIÈRE PARTIE

Volume mis à jour le 1er septembre 1922.

PARIS
CHARLES-LAVAUZELLE & Cie
Éditeurs militaires
124, Boulevard Saint-Germain, 124
MÊME MAISON A LIMOGES

TABLE DES MATIÈRES.

RAPPORT AU MINISTRE.

Rapport au Ministre 1

PREMIÈRE PARTIE.

PRÉPARATION TECHNIQUE DE L'INFANTERIE.

TITRE I.

PRINCIPES GÉNÉRAUX.

Chap.

I. — But et divisions de l'instruction 33
II. — Action du commandement 34
III. — Méthodes générales d'instruction 35
IV. — Marche annuelle de l'instruction 48
V. — Instruction de la troupe 50
VI. — Instruction des cadres 55
VII. — Moyens de commandement 61
VIII. — Définitions et règles générales 62
IX. — Composition du régiment 69

TITRE II.

ÉCOLE DU SOLDAT.

Chap.

I. — Généralités 73
II. — Education physique 74
III. — Mouvements sans arme 79
IV. — Mouvements avec l'arme 84
V. — Le fusil et le mousqueton 90
VI. — Le pistolet et le revolver 98
VII. — Le fusil-mitrailleur 102
VIII. — La grenade 106
IX. — La baïonnette 109
X. — L'outil 110
XI. — Le masque 111
XII. — La mitrailleuse 114

TITRE III.

ÉCOLE DU GROUPE.

Chap.

I. — Formations, rassemblements et alignements............ 118
II. — Exercices d'ordre serré.................................. 122
III. — Exercices d'assouplissement.............................. 123

TITRE IV.

ÉCOLE DE SECTION.

Chap.

I. — Formations et rassemblements............................ 137
II. — Exercices d'ordre serré.................................. 141
III. — Exercices d'assouplissement.............................. 147

TITRE V.

LA COMPAGNIE ET LES UNITÉS PLUS FORTES.

Chap.

I. — La compagnie.. 149
II. — Le bataillon.. 155
III. — Le régiment et la brigade............................... 160

RAPPORT AU MINISTRE

Considérations générales.

La guerre vient de montrer une fois de plus que la victoire, en définitive, appartient à l'adversaire le mieux trempé, le plus tenace, à celui qui conserve jusqu'au bout le moral le plus élevé.

Elle a prouvé, également, que cette volonté de vaincre, indispensable au succès, ne pouvait forcer la victoire qu'à la condition de s'appuyer sur un matériel aussi considérable et aussi perfectionné que le permettait la mise en œuvre totale des ressources du pays.

L'importance du matériel a été telle que chaque belligérant s'est constamment efforcé, au cours de la campagne, de s'assurer le bénéfice d'un matériel supérieur à celui de l'adversaire.

De là résultait, après chaque bataille, cette longue période d'attente pendant laquelle, derrière les armées gardant un contact étroit et améliorant sans cesse leurs positions, le pays tout entier, dans un labeur acharné, créait ou perfectionnait le matériel avec lequel serait tenté un nouvel effort.

En fait, jamais le cours d'une guerre n'a été marqué par un développement aussi formidable des armes déjà connues, et par une éclosion aussi considérable de moyens à peine soupçonnés.

Il en est résulté que les procédés de combat, qui doivent se modifier en raison des progrès réalisés dans l'armement, ont été sujets à une constante évolution.

Toutefois, si les méthodes tactiques ont continuellement varié, la mission qui incombe à l'infanterie sur le champ de bataille est toujours restée la même : *conquérir et conserver le terrain.*

L'expérience de la guerre a nettement prouvé que, pour réaliser cette mission, l'infanterie ne pouvait combattre seule et que l'appui des autres armes, assurant à son profit le rendement maximum du matériel, lui était indispensable.

Sans doute faudra-t-il encore plusieurs années d'études pour découvrir et mettre en lumière de façon définitive toutes les leçons de la guerre. Mais les instructions que le Grand Quartier Général a données au cours des opérations, en s'inspirant des faits nouveaux au fur et à mesure qu'ils se produisaient, ont dégagé les enseignements que ces faits comportaient et ont assuré l'évolution rationnelle de nos méthodes tactiques. Les plus récents de ces documents constituent donc, à bon droit, les bases du nouveau règlement, dont la nécessité est évidente.

D'autre part, dans une armée qui doit ce qu'elle a de meilleur aux fortes leçons et aux belles traditions de ses anciens, il ne faut pas craindre de s'inspirer des textes qui les ont formés.

A cet égard, le règlement du 12 juin 1875 mérite une mention particulière. Il a été rédigé par des officiers qui venaient de faire la guerre et il est très remarquable de voir inscrit dans ce règlement, en tête des principes généraux qu'il déclare être de véritables axiomes, *l'importance prépondérante du feu comme mode d'action.*

Cette vérité avait tellement frappé la Commission de 1875 qu'elle en avait fait le point de départ de toutes ses déductions; elle est confirmée de la façon la plus éclatante par l'expérience de la dernière guerre.

Les règlements qui ont suivi le règlement de 1875 — parce que les souvenirs de la guerre devenaient moins précis et que s'exerçait davantage l'influence artificielle des expériences de polygone et des manœuvres sans tir réel — n'avaient pas laissé à cette vérité la place prépondérante dans laquelle il convient de la restaurer aujourd'hui.

Ce fait doit être médité et il convient d'en dégager l'enseignement suivant : il y a de fortes raisons d'admettre que les règlements issus de la guerre sont bien près de la vérité. Il importe, comme conséquence, de ne les modifier que dans la mesure où l'autorise la préoccupation constante de s'inspirer plus étroitement des leçons qu'une étude approfondie de la guerre permet de découvrir peu à peu.

A ce titre, le règlement nouveau qui s'efforce, autant qu'il est actuellement possible de le faire, de dégager l'enseignement de la campagne, ne devra être modifié qu'avec l'attention la plus avertie.

Importance prépondérante du feu.

Dès maintenant, le feu doit reprendre toute l'importance que lui avaient attribuée comme moyen d'action ceux qui avaient vécu la guerre de 1870. Après avoir énuméré les deux éléments dont la combinaison constitue la manœuvre élémentaire d'infanterie, le *feu* et le *mouvement*, il convient d'ajouter avec le règlement de 1875 : « *l'action du feu est prépondérante* ».

Ce n'est plus seulement « toute attaque en formation dense » que « la puissance de l'armement actuel rend impossible en terrain découvert » (1), c'est toute progression, même en formation très diluée, si le terrain peut être efficacement battu. La puissance du feu de l'infanterie est devenue telle qu'aucun terrain, même quand il apparaît vide de défenseurs, ne peut plus être traversé sans de lourdes pertes aussi longtemps que subsistent des groupes de combat résolus à se défendre énergiquement et continuant à faire usage de leurs armes.

Pour que le mouvement soit possible sur un pareil terrain, le défenseur doit être tenu sous des feux de destruction ou de neutralisation d'une puissance telle qu'il soit abordé par l'infanterie de l'attaque avant de pouvoir utiliser efficacement son armement.

Ces feux seront ceux de l'artillerie, de l'infanterie elle-même, de ses engins d'accompagnement ou de ses chars blindés; la destruction ou la neutralisation de l'ennemi sera recherchée par l'emploi de l'ensemble ou d'une partie seulement de ces moyens : c'est une question de dosage, à résoudre dans chaque cas particulier.

Mais il reste acquis qu'une troupe est dans l'impossibilité de se mouvoir aux vues de l'ennemi tant que celui-ci reste maître de son feu.

Une progression faiblement appuyée par l'artillerie, et *a fortiori* non appuyée, ne peut être tentée que contre un ennemi en état d'infériorité très nette, morale ou numérique : elle est alors effectuée par des groupes ou fractions, de force variable suivant le cas, procédant par infiltration, utilisant au maximum les cheminements favorables et réduisant successivement les îlots de résistance.

Le mouvement seul facteur décisif.

Ce serait d'ailleurs tirer des conséquences excessives du dogme de la prépondérance du feu que de l'ériger en quelque sorte en face et au détriment du mouvement.

---

(1) Service en campagne du 2 décembre 1913, art. 97.

Ces deux facteurs de la manœuvre sont inséparables.

Si le feu doit être porté à son maximum de puissance et de violence, c'est pour permettre la marche en avant. Seule cette dernière permet la conquête du terrain et la mise hors de combat de l'adversaire, qui sont les gages certains du succès et le but définitif vers lequel doivent tendre sans cesse les efforts de tous.

La marche en avant doit avoir lieu dès que le feu l'a rendue réalisable avec des pertes réduites, sans attendre une destruction complète ou une neutralisation absolue des organes de la défense qu'on n'est jamais sûr d'avoir obtenues intégralement, quelle que soit la puissance des moyens mis en action.

Animés d'un esprit offensif toujours en éveil, constamment prêts à s'engager et à pousser à fond dès qu'un examen raisonné et réfléchi de la situation le montre possible, l'infanterie et ses organes d'accompagnement ne se laisseront jamais arrêter par la crainte de quelques pertes, qu'il sera toujours chimérique d'espérer éviter complètement.

Telles sont les idées qui doivent désormais dominer l'organisation et la tactique des unités d'infanterie.

L'arme automatique.

Les armes à tir automatique (mitrailleuses lourdes, mitrailleuses légères ou fusils-mitrailleurs), en raison de leur caractère mécanique, ont permis, tout à la fois, de réaliser un débit considérable de projectiles et d'atténuer dans de fortes proportions la diminution de puissance que l'émotion du tireur faisait subir au tir de l'infanterie dans le combat.

Elles ont, de la sorte, rendu spécifiques et absolues les propriétés que l'infanterie tire de la puissance de son feu : aussi, dans les nouveaux procédés de combat, tout gravite autour de ces armes et la question de ravitaillement en munitions, qui ne présentait pas autrefois de difficultés particulières, est devenue désormais une préoccupation de premier plan.

La compagnie a perdu son uniformité; elle est toujours l'unité morale par excellence, mais elle ne s'évalue plus en « fusils »; elle se compose d'un certain nombre d'armes à tir automatique : autour de chacune d'elles se groupe l'effectif nécessaire pour la déplacer, la servir, la ravitailler, la couvrir.

C'est ainsi que l'arme automatique à grand rendement a donné naissance au *groupe de combat*, cellule élémentaire de l'infanterie.

Le groupe de combat.

Le « tirailleur isolé » n'existe plus; chaque combattant a un devoir particulier à remplir vis-à-vis de l'arme automatique de son groupe de combat.

On est ainsi conduit à regarder le groupe comme la véritable unité élémentaire d'instruction et de combat. C'est l'élément que son chef pourra toujours commander directement à la voix et au geste.

Lorsque le soldat saura remplir son emploi technique dans le groupe en union avec ses *camarades de combat*, lorsqu'il sera en outre capable de suppléer l'un quelconque d'entre eux, il sera instruit et le groupe sera apte à remplir son rôle dans le combat de la compagnie. Le reste sera surtout une question de cadres, et le rendement de la troupe dépendra essentiellement de leur savoir et de leur aptitude au commandement.

L'achèvement du dressage du groupe marque la date où la compagnie est mobilisable : en effet, lorsque le dressage a pris fin, le capitaine n'a plus qu'à faire manœuvrer en liaison un certain nombre de groupes par l'intermédiaire des chefs de section; son souci constant est *de pouvoir donner à ses feux leur maximum d'intensité, dans l'offensive comme dans la défensive, tout en adoptant une formation qui rende sa compagnie aussi peu vulnérable que possible.* S'il a, d'autre part, assuré la cohésion de sa troupe par des exercices à rangs serrés, s'il a enseigné à ses groupes à s'étayer les uns les autres, dans le cadre de la section puis de la compagnie, s'il a développé et porté au plus haut degré le moral de chacun, il a en mains un excellent outil de guerre.

Il est intéressant de constater que la conception du groupe de combat résultant de la nécessité de servir et de protéger l'arme automatique répond également, étant donné le faible effectif de ce groupe, à l'obligation impérieuse de diluer au maximum les formations d'infanterie pour les soustraire le plus possible à la puissance actuelle du feu.

En effet, d'après le règlement de 1875, l'unité de combat était la compagnie; cette unité est devenue par la suite la section, puis la demi-section comprenant un effectif de vingt hommes environ.

L'expérience, en fin de guerre, ayant montré qu'une telle unité était encore trop lourde et trop vulnérable, on a été conduit à en diminuer encore l'effectif;

le groupe de combat est alors devenu la cellule élémentaire de l'infanterie.

Ainsi se vérifie la loi observée depuis l'apparition des armes à feu :

— Pour se soustraire à leurs effets de plus en plus meurtriers, l'infanterie est contrainte de se diluer de plus en plus;

— L'intervalle entre les groupes tend vers un *maximum* qui n'est limité que par la double nécessité de rester en liaison à la vue et de battre efficacement de feux croisés tout le terrain intermédiaire;

— L'effectif de l'unité de combat tend vers un *minimum* limité seulement, d'une part, par la nécessité de maintenir l'action du commandement, d'autre part, par l'obligation d'assurer dans des conditions satisfaisantes le service et la protection de l'arme automatique.

Cette loi conduira-t-elle dans l'avenir à réduire encore le groupe, à le constituer de deux ou trois hommes enfermés dans une carapace protectrice et mobile ? Ce n'est encore qu'une prévision très hardie.

Quoi qu'il en soit, le groupe d'une douzaine d'hommes répond aux nécessités du moment; son effectif est assez restreint et il a cependant une capacité de feu très suffisante; il est capable de se ravitailler lui-même; il peut, selon le cas, soit s'abriter en un ou deux paquets groupés, soit demander sa protection et la diminution de sa visibilité à un très large espacement de son personnel sans que l'action du chef cesse de se manifester.

C'est avec de tels groupes qu'il faut organiser la compagnie et la faire manœuvrer.

La formation de combat.

Lorsque la Commission du règlement de 1875 s'est vue dans l'obligation d'introduire un mode d'action aussi nouveau que le fut alors l'ordre dispersé, elle a pensé qu'il était sage, pour mieux fixer les idées et pour avoir une base bien définie, de déterminer une formation normale de combat pour le bataillon de première ligne. Elle a donné, avec une grande précision dans les détails, le front, la profondeur, la répartition des compagnies entre les quatre échelons, etc. Elle posait, en principe, que cette formation « fondamentale » pouvait s'appliquer à tous les terrains et à toutes les hypothèses de combat, moyennant *quelques modifications* dans la force, l'espacement et l'emploi des différents échelons. « La formation sera une, précisément parce qu'elle repose sur les principes généraux de combat : **l'action presque exclusive du feu ; l'échelonnement des forces dans le sens de la profondeur et la succession des efforts** » (1).

Cette formation était destinée à être prise instantanément, sur un simple avertissement, dès que le bataillon arrivait sous le feu ennemi.

Aujourd'hui, les principes invoqués sont aussi vrais qu'en 1875; toute formation qui les méconnaîtrait serait mauvaise; mais cette conception de ramener à un type unique, susceptible seulement de « quelques modifications », des formations de combat qui doivent être, au contraire, aussi souples que variées, ne peut être conservée.

Les règlements postérieurs ont, d'ailleurs, fortement réagi contre elle et ont libéré le bataillon et la compagnie de tout dispositif préconçu. Il ne peut être question d'y revenir.

Toutefois, on ne peut s'empêcher de remarquer que les auteurs du règlement de 1875 s'étaient arrêtés à une solution rationnelle.

Ils avaient en effet à instruire une armée dans des conditions très analogues à celles qui se représentent aujourd'hui. De même qu'après 1870, il s'agit d'enseigner des procédés de combat radicalement modifiés, mettant en œuvre un armement entièrement différent de celui d'avant-guerre — et cet enseignement va être donné par un corps d'officiers en majeure partie renouvelé, secondé par des sous-officiers dont beaucoup n'auront pas fait la guerre.

Dans ces conditions, il convient que le Règlement se préoccupe de faciliter l'instruction, arrête un modèle de formation de combat de la compagnie et fixe, dans le cas général, le dispositif à réaliser par les groupes de combat.

L'usage des schémas.

La question des schémas se pose donc. Malgré les préventions dont ils ont pu être l'objet de la part de certains esprits, n'ont-ils vraiment que des inconvénients? Ne sont-ils pas nécessaires à l'instruction rapide du plus grand nombre?

La guerre est un art qui obéit à des principes

(1) Règlement de 1875, Rapport au Ministre.

éprouvés, mais n'admet rien d'absolu dans les procédés d'exécution.

Jamais une situation ne se reproduit identiquement : l'état moral de la troupe et de l'adversaire, les formes du terrain, les conditions physiques et atmosphériques, les moyens dont chacun dispose, les dimensions de la zone d'action assignée ne sont jamais les mêmes, dans l'ensemble, d'une opération à une autre. Chaque cas doit être considéré en lui-même et comporte une solution particulière.

Ceci est vrai non seulement pour le régiment et le bataillon, mais encore pour les plus petites unités tactiques. A aucun degré de la hiérarchie, nul n'est admis à justifier une disposition ou une décision prise en se référant à un précédent ou en se réclamant d'un texte ou d'un croquis tirés d'un document officiel. En matière de tactique, les textes servent à instruire les exécutants et non à les couvrir.

Mais, d'autre part, si la rédaction des règlements devait toujours être assez large pour englober tous les cas possibles, elle serait obligée de s'en tenir à des généralités forcément vagues et de s'entourer à chaque page de prudentes formules restrictives. Elle ne serait intelligible que pour les officiers capables de tirer de leurs souvenirs de guerre, ou des éléments d'information puisés dans leurs études, [illegible] des cas concrets pour se faire à eux-mêmes une technique précise d'application. La plupart ne se [illegible] [illegible] le combat dans [illegible] beaucoup de chefs de corps consultant [illegible] ne [illegible] pas [illegible] des chiffres et des croquis répondant à [illegible] moyens.

Enfin, l'on doit dire à l'avantage des schémas [illegible] la guerre un officier est parfois appelé à prendre [illegible] [illegible] et dans des circonstances [illegible] commandement auquel il n'a pas [illegible] l'étude et la réflexion, qu'il arrive aussi que [illegible] [illegible] et les émotions de la lutte [illegible] [illegible] diminuent la [illegible] [illegible] où les [illegible] seulement [illegible] simples auxquels [illegible] compris.

Pour toutes ces raisons, les [illegible] relatifs à la formation de combat de la compagnie ont été [illegible] par des figures explicatives (1).

(1) Voir à l'Annexe.

Dans chacune de ces phases, le mode d'action du groupe de combat devant lui et par rapport à ses voisins, *en ce qui concerne l'emploi des feux*, est toujours sensiblement le même.

Toutefois le rendement du feu sera meilleur dans une phase défensive de quelque durée. Les unités auront pu, en effet, d'une part, apporter plus de soin à se poster et à régler leur tir, d'autre part, assurer plus complètement leur protection en s'enterrant, nécessité impérieuse résultant de l'expérience de la guerre.

Ainsi, lorsque le groupe aura été dressé à combattre seul, puis en liaison avec des groupes voisins, la compagnie et les unités supérieures seront très aisément rendues aptes à l'attaque et à la défense après une préparation de courte durée.

Il en résulte que l'enseignement du combat offensif constitue la base du dressage de la troupe.

Défense du terrain.

En intitulant **Défense du terrain** l'exposé des procédés défensifs de l'infanterie, le règlement a voulu insister sur cette idée que la défensive a toujours pour but de *conserver* malgré l'ennemi une certaine partie du terrain, sur lequel on a résolu d'avance d'arrêter son effort, autrement dit : de le battre.

Il importe que l'infanterie sache bien que résister à l'ennemi en lui infligeant de grosses pertes, mais en lui cédant peu à peu du terrain, ce n'est pas un combat défensif, c'est une retraite.

Le « combat » comporte le choix, parmi plusieurs positions possibles, de celle qui paraît présenter la plus grande valeur intrinsèque, puis, cette position choisie, la résolution farouche de ne pas la perdre : les consignes différentes, qui peuvent être données à des troupes d'avant-postes, n'entament pas ce principe absolu.

Du rôle extrêmement important que joue le terrain dans l'issue d'un combat défensif, il ne faut pas déduire qu'il puisse quelquefois être inviolable par lui-même; aucune position, même couverte par les obstacles naturels ou artificiels les plus ardus, ne possède cette propriété.

La seule barrière qui arrête infailliblement l'assaillant réside dans la qualité des troupes de la défense qui savent exploiter, au moment opportun, le *réseau complet et profond de feux*, rationnellement organisé, au préalable, sur les points voulus.

Une infanterie faisant front sur une position de premier ordre peut en être chassée par un adversaire qui pousse audacieusement dans des couloirs mal battus.

Au contraire, l'infanterie s'accrochera victorieusement à un terrain qui peut sembler dépourvu de toute valeur militaire, si ses groupes de combat ont su s'y disposer et s'y implanter rapidement et créer autour d'eux une zone continue de mort.

L'effectif des unités.

La féconde notion de groupe, qui simplifie si grandement la conception du combat et par suite l'instruction de l'infanterie, permet également d'envisager avec une grande élasticité les questions d'effectif.

Comme point de départ, on admet que le groupe a besoin de douze hommes environ pour développer toute sa puissance.

La compagnie apparaît alors comme composée d'une petite section de commandement et d'autant de groupes que peuvent en constituer les sections de combat. Avec les effectifs adoptés pour la compagnie vers la fin de la guerre, chacune des quatre sections forme trois groupes. C'est le chiffre de base qui a été pris pour élaborer le règlement. Mais il n'a rien d'intangible et il n'a été maintenu ou créé dans le nouveau règlement aucun mouvement exigeant que la compagnie soit formée à quatre sections de combat ou la section de combat à trois groupes.

On s'est attaché, au contraire, à ce que les règles énumérées puissent s'appliquer aussi bien à une compagnie ayant son plein effectif de 12 groupes, qu'à une compagnie réduite, s'il le faut, à 2 sections de 2 groupes chacune. Toutes les combinaisons intermédiaires sont également possibles.

En maintenant invariable l'effectif du groupe et variable le nombre des groupes de la compagnie, on obtient l'avantage que l'expérience acquise dans les exercices du temps de paix se retrouvera intégralement à la guerre.

En effet, le groupe ayant toujours les mêmes possibilités de feux et de ravitaillement, les chefs subalternes qui auront formé leur coup d'œil au maniement d'un groupe en liaison avec trois ou quatre groupes voisins, dans tous les cas et sur tous les terrains, n'auront aucune accommodation à faire lorsque la compagnie du temps de paix s'accroîtra de tout l'appoint des réservistes.

Suivant le nombre de ses groupes, la compagnie

sera susceptible de recevoir du Chef de bataillon un front d'attaque ou de défense plus ou moins étendu : ses procédés et sa densité habituelle de combat n'en seront nullement modifiés.

L'important est qu'il soit interdit en tout temps, dans l'aménagement de l'effectif de la compagnie, de faire descendre le groupe au-dessous de l'effectif de 10 hommes.

Les procédés d'instruction de l'infanterie et les divisions du Règlement.

Les procédés de combat étant nettement arrêtés, les procédés d'instruction doivent permettre d'y rompre les unités le plus rapidement possible, sans s'attarder aux exercices d'une application peu fréquente et sans en admettre aucun qui ne soit nécessaire d'une façon directe ou indirecte dans le combat, *but unique de toute instruction.*

Pour atteindre ce but, la progression, tout à la fois la plus rationnelle et la plus simple, consiste à donner aux soldats, en premier lieu, les connaissances techniques indispensables, puis à les habituer à manœuvrer par groupes, enfin à appliquer les connaissances acquises à des exercices de combat par unités constituées de plus en plus fortes.

De là, la division en deux parties du nouveau règlement :

Préparation technique de l'infanterie.

L'infanterie au combat.

Le souci d'établir une distinction nette entre deux parties de l'instruction qui, cependant, ont le même objet final, doit être considéré comme une innovation par rapport aux règlements précédents.

Les rédacteurs de ceux-ci, en effet, désireux de procéder entièrement du principe que rien ne doit être enseigné qui n'ait son application à la guerre, très pénétrés d'autre part de l'utilité capitale de l'ordre serré, avaient cherché à établir une sorte de fusion entre des mouvements créés à des époques successives pour répondre à des besoins tactiques qui se révélaient.

Pour cela, ils avaient rendu synonymes les expressions suivantes : d'une part, *exercices à rangs serrés, évolutions* et *mouvements d'approche*, d'autre part, *ordre dispersé* et *exercices de combat.* Ainsi l'ordre serré — que l'on ne voulait même plus désigner par le nom qui lui est cependant resté dans le langage courant — se trouvait englobé dans les mouvements du champ de bataille et l'on pouvait écrire que le

pouvoir jouer son rôle dans l'ensemble, distingue pour les unités :

des exercices d'ordre serré;

des exercices d'assouplissement;

des exercices de combat.

Les exercices d'ordre serré et les exercices d'assouplissement constituent, avec l'Ecole du Soldat, la *Préparation technique de l'Infanterie*, et forment la première Partie du règlement.

Les exercices de combat sont exposés dans la deuxième Partie : l'*Infanterie au combat.*

L'École du Soldat.

Le Règlement entend par *Ecole du Soldat* l'instruction individuelle technique que doivent recevoir tous les fantassins du service armé.

L'Ecole du Soldat ne comprend pas ce qu'on a appelé dans certains règlements précédents « l'Instruction tactique du tirailleur isolé », d'abord pour ne pas rompre le plan général qui oppose *technique* à *emploi* dans les deux parties du Règlement, ensuite parce qu'en réalité le soldat combat toujours encadré.

Certes, il existe une instruction individuelle du combattant dans laquelle chaque homme est suivi en particulier et dressé à l'emploi spécial de l'arme qu'il détient, mais cette instruction ne se conçoit que dans le cadre du groupe, car on ne voit pas comment on pourrait la donner au soldat sans la présence des quelques voltigeurs ou fusiliers au milieu desquels il doit combattre. Cette instruction individuelle a donc pris place dans les exercices de combat de la deuxième partie et s'y confond avec l'instruction de l'équipe et du groupe en vue du combat.

L'Ecole du Soldat ne comprend pas, non plus, l'instruction particulière plus complète que doivent recevoir les combattants d'élite de la compagnie et les divers spécialistes (1) : mitrailleurs, servants des engins d'accompagnement, observateurs, agents de transmission, sapeurs pionniers, etc.

Sans doute, il eût été désirable de trouver dans

(1) L'appellation de « spécialistes » doit être réservée aux soldats qui mettent en œuvre les engins particuliers en dehors des armes du groupe de combat. Le fusilier, le grenadier-lanceur, le grenadier V. B. ne doivent pas être considérés comme spécialisés. Ils doivent rester aptes à remplir tous les rôles de combattant du groupe.

le règlement tout ce qui est nécessaire pour perfectionner ceux qui doivent s'élever au-dessus de la masse. Mais l'ampleur matérielle qu'il aurait, alors, fallu donner au Règlement ne l'a pas permis.

D'ailleurs, les rédacteurs du règlement de 1904, qui, cependant, n'avaient à s'occuper que d'un seul fusil, s'étaient déjà bornés à n'y introduire que les mouvements du tir et les feux, et ils avaient rédigé un règlement distinct sur l'instruction du tir (31 août 1905); les motifs qui les y ont déterminés ont encore plus de force aujourd'hui.

Les divers règlements intéressant l'infanterie.

Les dispositions suivantes ont donc été prises :

1° Le Règlement sur l'instruction du tir de 1905 a été revisé en ce qui concerne les fusils en service et le revolver; il a été augmenté de ce qui concerne le fusil-mitrailleur, le mousqueton, le pistolet, les grenades. Sous le titre de : *Règlement sur la pratique du tir dans les compagnies d'infanterie*, il est en quelque sorte une troisième partie du présent Règlement; il contient le détail des méthodes d'instruction et la progression des tirs et exercices de toute nature à effectuer avec les armes et les engins de la compagnie ordinaire.

2° *Une Instruction sur l'armement et le matériel de tir* traite de la description, du fonctionnement et de l'entretien des mêmes armes et engins, ainsi que du matériel de tir : cibles, chevalets, jumelles, etc. Ces matières se trouvaient pour la plus grande partie dans l'*Instruction du 8 février 1903 sur le matériel de tir et les champs de tir de l'infanterie.*

C'est dans le Règlement sur la pratique du tir et dans l'Instruction sur l'armement et le matériel de tir que les cadres puiseront les connaissances nécessaires pour porter au plus haut point l'entraînement de leurs fusiliers et de leurs grenadiers.

3° Les détails d'organisation et de police des champs de tir qui constituaient une autre partie de l'Instruction du 8 février 1903 font l'objet d'un document spécial intitulé *Instruction sur les Stands et les Champs de tir*, rédigé en collaboration avec la Direction du Génie. Ces installations intéressent en effet les différentes armes et sont souvent communes à toutes les troupes d'une même garnison.

4° L'instruction des unités de mitrailleuses est traitée dans toutes ses parties par le *Règlement sur les unités de mitrailleuses d'Infanterie*. L'Ecole du soldat contient seulement les notions de pure pratique que

cation physique. On ne peut espérer incorporer dans le règlement un résumé qui les remplace. Aussi s'est-on borné à en indiquer l'esprit et à donner, à titre de memento, la marche générale des leçons. Il sera nécessaire que les instructeurs bien préparés auxquels on confiera l'instruction physique, se réfèrent constamment aux documents de base.

Les mouvements avec arme et sans arme.

Les mouvements du soldat sans arme et avec l'arme constituent l'introduction à l'ordre serré. On y recherche donc, dès le premier jour, la précision et l'énergie qui caractérisent cette nature d'exercices.

La plupart des mouvements individuels sont ceux de l'ancien règlement : on a pu, ici, satisfaire au souci général de ne faire que les innovations indispensables, afin de n'avoir pas à reprendre l'instruction acquise par les nombreuses classes déjà instruites et libérées. Toutefois, on a cru devoir donner plus d'allure au mouvement de présenter l'arme et rechercher un port de l'arme sur l'épaule moins fatigant.

Les mouvements du tir et les feux.

Les chapitres consacrés aux mouvements du tir ont été rédigés avec l'intention de rompre définitivement toute analogie entre les mouvements du tir et les mouvements de maniement d'armes.

Cette confusion a pesé sur l'instruction du tir depuis l'époque de la charge en douze temps.

L'acte de faire partir le coup sans déranger le pointage est un de ceux qui demandent la plus complète abstention des nerfs : on s'y prépare fort mal en prenant la position du tireur et en chargeant avec cette brusquerie énergique qui est le propre du maniement d'arme et que la similitude des commandements poussait les instructeurs à exiger dans les deux cas.

Aussi le règlement supprime-t-il l'exécution à commandement et même le passage régulier d'une des positions rigides du soldat en arme à l'une des positions du tireur.

Il décrit seulement les trois positions à obtenir : les élèves tireurs, groupés sous les yeux de leur instructeur pour cette théorie pratique sur le tir qui doit rester si distincte d'une pause d'exercice, prennent les positions ordonnées en partant de la situation quelconque dans laquelle ils se trouvent; ils s'exercent peu à peu à acquérir de la rapidité sans perdre la souplesse et l'aisance nécessaires. Ils apprennent aussi à adapter les positions fondamentales à leur propre conformation ou à l'appui qu'ils peuvent donner à leur arme; mais, tout en autorisant à déroger au besoin à ces prescriptions, on a tenu à maintenir la codification des trois positions types, dont toutes les positions usuelles sont dérivées.

On a tenu, aussi, à conserver la position du tireur debout, quelque impropre qu'elle soit au tir de précision, parce que sa pratique est nécessaire au voltigeur en marche qui, parfois, doit se camper rapidement sur ses jambes pour tirer un coup de fusil. Cette position sert également de point de départ à l'instruction du tir en marchant par les fusiliers-mitrailleurs.

Les positions et les mouvements du tir ont été donnés pour les armes suivantes :

Le fusil M[le] 1907-15-M-16, considéré comme l'arme distribuée à toute l'infanterie active;

Le fusil M[le] 1886-M-93, considéré comme une arme d'appoint qu'il faut continuer à faire connaître même à l'active;

Le mousqueton M[le] 1892-M-1916;

Le fusil-mitrailleur M[le] 1915;

Le revolver M[le] 1892;

Les pistolets genre Ruby et Star.

La complexité de cet armement est compensée pour le fusil et le mousqueton. par la pratique d'un seul feu, le *feu à volonté* individuel ou collectif, qui a été, pendant la guerre, le seul d'un emploi vraiment courant. Il s'exécute en chargeant à l'aide du chargeur ou du magasin, exceptionnellement en chargeant coup par coup. C'est toujours un *tir de précision* dont la conception, dans l'esprit de chaque tireur, doit s'identifier à celle du *tir à tuer*.

Pour la grenade, il a fallu envisager encore la grenade à bouchon allumeur automatique et la grenade à percussion, toutes deux en service. Parmi les différents modes de lancement décrits dans l'*Entraînement physique du combattant*, il a été choisi pour être enseigné à tous les soldats, celui qui se prête le mieux au lancement dans les positions à genou et couché.

L'outil.

Le maniement de l'outil est une instruction technique par excellence et a par conséquent sa place marquée à l'Ecole du Soldat. Il faut la lui faire d'autant plus large que deux idées fausses ont trop souvent fait réduire les séances d'instruction qu'il eût été si nécessaire de lui consacrer : la première, c'est que l'outil est un engin défensif; la seconde, c'est que tout le monde sait se servir d'une pioche et d'une pelle.

Or, l'outil est de tous les combats, et il n'a un rendement sérieux, qu'en astreignant le travailleur à certaines règles très étroites.

On aurait pu incorporer dans le règlement les parties de l'*Instruction sur l'organisation du terrain* qui intéressent l'Instruction technique du soldat du rang.

Mais ces extraits seraient très longs; ils feraient double emploi avec un texte qui est entre les mains de tous les gradés d'infanterie; aussi le Règlement se contente-t-il d'y renvoyer.

Le masque.

Cette dernière raison s'applique à un degré moindre au *Règlement sur les gaz de combat :* il a été mentionné à l'Ecole du Soldat tout ce qu'il est utile de connaître pour bien utiliser le masque.

La mitrailleuse.

Enfin, ce qui a trait à la mitrailleuse a été exposé avec toute la concision compatible avec le but limité que l'on se propose : rendre tout soldat capable d'utiliser une mitrailleuse sans hésitation.

L'instruction individuelle.

Si étendues que paraissent ces modifications et ces innovations, il est un point sur lequel le nouveau règlement reproduit sans réserve les idées des règlements précédents, c'est l'importance de l'Ecole du Soldat, et, d'une façon générale, de l'instruction individuelle.

L'instruction individuelle est la base de l'instruction de la troupe.

On ne saurait lui consacrer trop de temps au début : c'est le moyen de réaliser par la suite le dressage collectif le plus rapide et le plus efficace.

Une minutieuse instruction du grenadier-voltigeur est indispensable à tous et, si elle a été manquée, elle se reprend très difficilement.

De plus, pour des causes diverses, les spécialistes peuvent redevenir soldats du rang : il importe donc que cette éventualité les en trouve immédiatement capables.

En particulier, les mitrailleurs et les hommes destinés à la compagnie hors rang ne doivent pas être distraits prématurément de l'Ecole du Soldat et de l'Ecole du Groupe.

Les exercices collectifs.

Il a été déjà exposé que les exercices collectifs comprenaient des *exercices d'ordre serré*, des *exercices d'assouplissement*, des *exercices de combat* et qu'il y avait un intérêt de clarté pour l'instruction à bien définir les buts, les moyens et les particularités diverses de chacune de ces trois catégories d'exercices.

Les exercices d'ordre serré.

L'instruction doit viser dès les premiers jours à l'exécution impeccable d'un nombre très restreint d'exercices d'*ordre serré*.

Tous les officiers qui ont fait la guerre pensent unanimement que ces mouvements sont indispensables pour développer et entretenir le sentiment de la cohésion et le réflexe de l'obéissance, éléments essentiels de la formation du soldat.

Leur importance est d'autant plus grande que la diversité de l'armement de l'infanterie et les formes nouvelles du combat obligent à faire un emploi plus large de la spécialisation et de l'initiative.

Or, il importe que l'initiative ne dégénère pas en indépendance. Pour l'obtenir, il est nécessaire d'exiger, dans l'instruction première d'abord, puis dans des mouvements à rangs serrés, fréquemment repris, une régularité et une précision extrêmes, une attention soutenue à se conformer instantanément à la volonté et aux ordres du chef.

En effet, le « moyen d'assurer pour toujours la « direction des chefs, c'est de mettre, dès le prin- « cipe, le soldat dans la main de ses gradés et de ses « officiers de telle sorte qu'il y rentre plus tard au « premier signal, au premier geste, quand les cir- « constances l'en auront fait sortir momentané- « ment (1) ».

A un autre point de vue, l'ordre serré fournit le moyen de faire paraître la troupe en public, soit dans les revues, soit dans les simples déplacements journaliers avec cette allure énergique et martiale qui émeut toujours les cœurs français.

Il faut que l'Armée inspire à la Nation confiance et fierté, et pour cela qu'elle cultive ces traditions

---

(1) Règlement du 1er juin 1875, Rapport au Ministre.

de présentation brillante et d'ordonnance parfaite qui sont des signes extérieurs de sa valeur et de sa discipline.

Pour être cette école d'éducation militaire et de parade, à l'exclusion de toute prétention à des applications tactiques directes, l'ordre serré doit comprendre des mouvements peu nombreux, simples, pouvant s'apprendre rapidement. Il doit être codifié avec des détails assez précis pour que nul ne soit tenté de règlementer davantage, au détriment de l'uniformité d'unité à unité; comme il est destiné à n'être pratiqué qu'en raison de sa vertu éducative, on doit y rechercher la correction plutôt que la rapidité.

Pour réaliser des simplifications, le règlement s'est imposé le plus possible cette condition qu'au commandement d'exécution tous les soldats dans le rang aient exactement le même acte à accomplir.

La formation par trois — en colonne par trois ou en ligne sur trois rangs — est le rassemblement normal de la section; les trois groupes sont en colonne par un et placés les uns à côté des autres, ou bien ils sont en ligne sur un rang et placés les uns derrière les autres. Les hommes d'un groupe se rassemblant toujours dans un ordre défini, chacun trouve facilement sa place dans la section.

On peut encore former le groupe en colonne par deux, les équipes accolées, ou bien en ligne sur deux rangs, une équipe derrière l'autre : cela permet d'obtenir pour la section toutes les combinaisons en profondeur ou en largeur, mais la formation par trois est la plus usuelle.

Elle succède avantageusement à la colonne par quatre, qui a été délaissée presque partout pendant la guerre : déjà interdite comme trop compacte dans la zone battue par l'artillerie, la colonne par quatre était, en outre, encombrante sur la plupart des routes, malgré la recommandation, parfois difficile à exécuter, de laisser libre l'un des côtés.

Il en résultait que, dans la zone d'approche, les sections marchaient presque toujours par deux, ou, si elles marchaient par quatre, il était laissé derrière elles ou derrière les compagnies des distances très supérieures aux distances réglementaires.

La colonne par trois n'occasionnera donc pas, en général, un allongement exagéré; les espaces occupés sur les routes par les compagnies ordinaires sont d'ailleurs très faibles par rapport à ceux qu'il faut accorder aux compagnies de mitrailleuses, aux trains, à l'artillerie et aux convois.

Au surplus, dans le cas d'une route ou piste très large, comme dans le cas où les colonnes serrées s'imposent, il sera toujours possible de faire marcher par quatre ou par six, en accolant des groupes ou des sections.

On pouvait être tenté de supprimer complètement la formation en ligne de la section en observant qu'on ne la retrouvera plus dans les exercices de combat et que son emploi trop fréquent a été cause des habitudes d'alignement, que les unités appliquaient ensuite machinalement au combat, au détriment de la bonne utilisation du terrain; or, on ne saurait trop réagir contre toute tendance des groupes à s'aligner.

La ligne a cependant été conservée pour les besoins des revues parce que c'est la seule formation qui permette au chef de bien voir chacun de ses hommes et d'être vu d'eux; c'est aussi la seule qui convienne aux manifestations de parade des petites unités.

On a supprimé la marche de front et les changements de direction de front qui absorbaient beaucoup trop de temps à l'instruction; on n'a maintenu que la possibilité pour une troupe rassemblée en ligne de faire un petit déplacement parallèle, l'arme à la main.

L'adoption d'une formation d'ordre serré, qui donne soit la ligne, soit la colonne usuelle par un simple *à droite*, a comme conséquence l'obligation de mesurer d'une façon nouvelle l'intervalle entre deux hommes d'une même ligne.

Cet intervalle résulte de la distance d'un mètre qui doit exister entre les deux hommes pour qu'ils puissent marcher aisément en colonne. S'ils se rassemblent directement en ligne, ils assurent leur intervalle en étendant le bras gauche, la main au contact de l'épaule de leur voisin de gauche. L'intervalle est normalement pris de la sorte, sauf indication contraire.

Il n'a pas paru possible de supprimer les formations avec l'ancien intervalle de 15 centimètres. Ces formations pourront continuer à être prises pour les revues en ligne et, le cas échéant, pour les services d'ordre.

La simplification de l'ordre serré de la compagnie comporte la suppression de la colonne de compagnie.

Les formations maintenues de la compagnie sont les suivantes :

La ligne de sections par trois (éventuellement par un ou par deux);

La colonne double;

La ligne déployée sur trois rangs (éventuellement sur un ou deux rangs).

L'ordre serré est pratiqué, d'abord, par des sections armées uniformément en grenadiers-voltigeurs; c'est dans ces conditions qu'on réalise le maximum d'uniformité et qu'on donne à la troupe son aspect le plus avantageux.

C'est d'ailleurs ainsi qu'on armera le plus souvent les détachements devant participer à une parade ou à un service d'ordre.

Tous les mouvements prévus conviennent à une troupe quelconque à pied et peuvent être insérés sans changement dans les règlements des autres armes.

Le règlement donne, en outre, les indications nécessaires pour l'exécution des mêmes mouvements par des fantassins en tenue de campagne, porteurs de leur armement varié. Bien que le chargement de guerre soit peu compatible avec l'allure qui convient aux défilés, il faut prévoir les revues en tenue de campagne et indiquer les quelques modifications à apporter au principe de la similitude des mouvements pour tenir compte de l'équipement différent de chaque soldat.

Dans ce qui précède, il a été parlé de l'ordre serré de la section plutôt que de celui du groupe. Le groupe est cependant susceptible d'exécuter tous les mouvements de la section par les mêmes commandements, mais, pour ces exercices ayant pour but de développer la cohésion et de mettre la troupe en main, il y a intérêt à réunir très tôt des unités un peu fortes : section et compagnie.

Au point de vue des procédés d'exécution, les exercices en ordre serré se caractérisent ainsi, par rapport aux exercices d'assouplissement et aux exercices de combat :

— Emploi de commandements composés d'un commandement préparatoire et d'un commandement d'exécution;

— Emploi constant du pas cadencé;

— Port habituel de l'arme sur l'épaule droite, exceptionnel de l'arme à la bretelle;

— Exécution par tous les hommes de mouvements semblables et simultanés.

Les exercices d'assouplissement.

Les *exercices d'assouplissement* ont pour objet d'enseigner à l'équipe, au groupe, à la section, à la compagnie et aux unités plus fortes la technique des mouvements souples et rapides dont ils auront à faire emploi dans les exercices de combat.

Ces mouvements consistent à se déplacer instantanément, à faire face à une direction, à se déployer, à progresser, à se mettre en état d'ouvrir le feu, à se terrer, à se rallier, etc., sur une brève indication, ou même sur un simple geste de l'instructeur.

Ils sont exécutés sur un terrain quelconque qui peut être la place d'exercices et qui sera le plus tôt et le plus souvent possible un terrain varié.

Il n'est pas fait d'hypothèse tactique : il s'agit seulement d'une gymnastique préparatoire au combat. Le but à atteindre est de développer au maximum la rapidité de compréhension et de décision des cadres, la rapidité d'exécution de la troupe. Cette rapidité ne doit pas s'obtenir au détriment de l'ordre, mais on ne recherche plus la correction et le synchronisme d'exécution de l'ordre serré. Dans l'équipe ou le groupe, chaque homme gagne au plus tôt son nouveau poste en liaison intime avec ses voisins et sans les gêner.

Chaque petite unité se conduit de même dans l'ensemble dont elle fait partie, de manière à réaliser, en tenant compte du terrain et des mouvements des unités voisines, le nouveau dispositif ordonné par le chef.

La discipline à exiger dans les exercices d'assouplissement n'est pas absolument la même que celle du rang serré, mais comporte la même somme d'attention et les mêmes obligations d'obéissance immédiate.

On doit développer cette discipline particulière avec d'autant plus de soin qu'il ne faut pas considérer les formations dispersées comme un état momentané dans lequel survivra, comme elle le pourra, la discipline du rang serré, mais bien comme la si-

« au même but, chaque unité ne conservant que « l'initiative nécessaire pour y coopérer. »

Les exercices de combat s'exécutent toujours en terrain varié. La troupe est en tenue de combat complète ou allégée. Il est toujours fait une hypothèse tactique, aussi simple que possible.

Il est recommandé de ne pas faire d'hypothèse modifiant la configuration ou l'état du terrain dont on dispose; il y a avantage à le prendre tel qu'il est et à travailler dans le réel : toute convention faite sous prétexte d'enseigner un procédé qui n'est pas commandé par le terrain lui-même n'aboutit qu'à fausser le coup d'œil et les idées.

En outre, dans les exercices de combat de compagnie et d'unités plus fortes, il conviendra de faire intervenir souvent des hypothèses d'action de l'artillerie amie et ennemie, — et aussi de chars d'assaut, — dans des conditions à fixer par l'instructeur d'après des données très simples.

Les règlements précédents ont signalé avec sa gesse les inconvénients des exercices à double action pour les petites unités et des thèmes trop élevés qui incitaient des unités supposées isolées à concevoir des manœuvres d'une envergure exagérée.

Il faut rester le plus souvent dans le cas de l'unité encadrée combattant contre un ennemi supposé ou figuré.

Le cas de l'unité non encadrée ne se présente que si l'unité voisine s'arrête ou prend une direction divergente : alors entrent en jeu les *flancs-gardes de liaison*, prévues pour y remédier ou les tirs d'arrêt de l'artillerie et des mitrailleuses déclenchés au profit du flanc découvert. Une petite unité n'est engagée, sans être encadrée, que dans des circonstances exceptionnelles : reconnaissances, coups de main, etc.

Quoi qu'il en soit, en dehors de ces cas exceptionnels, les nombreuses péripéties du combat que peut mener droit devant elle une troupe encadrée suffisent à donner aux exercices de combat une variété et un intérêt inépuisables.

L'organisation et la marche de l'instruction. La transformation de l'armement et des procédés de combat ne semblent pas devoir conduire au renouvellement de l'art d'instruire.

Les règlements précédents sont parvenus progressivement à préconiser des moyens excellents, tels que le travail individuel sans commandement, l'entraînement journalier aux marches, la variété dans la succession des exercices, etc., qui ont fait leurs preuves avant la guerre et pendant la campagne : ils ont permis au cours de celle-ci de former en quatre mois, dans des camps, des fantassins aptes à entrer dans des unités instruites et entraînées, pour participer à la bataille.

Ces excellents résultats ont été obtenus grâce à des disponibilités en terrains de manœuvre et en champs de tir qui existent rarement dans les garnisons, grâce aussi à l'abondance des munitions d'exercice mises à la disposition des unités d'instruction.

Ils seront difficilement dépassés, à moins de recevoir sous les drapeaux un contingent dégrossi par une sérieuse éducation physique.

Les méthodes connues doivent donc être conservées; mais elles doivent être simplifiées et surtout unifiées.

Le Chef est l'instructeur de son unité : ce principe implique la nécessité pour le même instructeur d'enseigner des matières très différentes, qu'il puise dans le règlement de manœuvre et dans les règlements particuliers.

On s'efforce de plus en plus d'établir ces règlements sur une base commune, afin qu'il y ait entre eux une harmonie complète qui n'a pas toujours existé.

Notamment les règles générales et les méthodes avaient souvent un caractère particulier, et l'instructeur qui passait des travaux de campagne au tir ou à l'éducation physique, se trouvait fréquemment en présence, suivant le cas, de prescriptions différentes à faire appliquer.

S'il y a pour chacune de ces matières des particularités qui leur sont propres, il n'en existe pas moins des préceptes d'instruction et des conseils qui sont valables pour toutes : le règlement de manœuvre s'est appliqué à les mettre en lumière dans un chapitre spécial, qui permettra de réduire les chapitres analogues des autres règlements.

La méthode générale d'instruction s'attache à dégager une idée qui n'était pas assez explicitement mise en lumière dans les anciens règlements, bien qu'elle fut pratiquement appliquée presque partout.

C'est que toute méthode d'instruction devant avoir pour fin les mouvements simples du champ de bataille, il importe de rompre à ces mouvements, non seulement le soldat déjà instruit, au cours des exercices normaux de chaque jour, mais encore, le plus tôt possible, la recrue, sans attendre son initiation complète à toutes les connaissances nécessaires au combat.

Le règlement a rangé toutes ces connaissances dans un ordre logique, en allant du simple au composé : il n'entend nullement imposer par là une instruction en tranches successives correspondant à ces divisions.

Ainsi, il n'est nullement nécessaire que le soldat soit *préalablement* discipliné par l'ordre serré avant d'évoluer en tirailleurs : l'instruction en plein champ comporte sa discipline particulière et doit commencer en même temps que celle de la place d'exercices.

Il convient même de donner l'importante notion de *direction*, avant celle d'alignement, qui n'a d'application que dans les mouvements de parade.

Il ne faut pas davantage s'astreindre à terminer l'instruction individuelle avant d'entreprendre l'instruction collective. Cette dernière est commencée dès que les hommes de recrue sont suffisamment dégrossis pour manœuvrer en troupe. L'instruction individuelle et l'instruction collective se poursuivent ensuite parallèlement.

L'instruction par unités constituées.

Parmi les principes à conserver, figure celui de l'instruction par unités constituées.

Mais le règlement a dû sur ce point laisser le champ très libre aux chefs de corps : ils auront en effet à tenir compte, jusqu'à ce que l'infanterie soit définitivement réorganisée, de la situation numérique de leurs unités, qui peut, pendant quelques années, varier beaucoup d'un régiment à l'autre.

Tout en reconnaissant l'intérêt de l'instruction par compagnie, on peut avoir à envisager la formation d'unités d'instruction constituées dans les garnisons ou envoyées dans des camps, et bien d'autres mesures de circonstances.

Le règlement a dû rester assez souple pour embrasser tous les cas.

L'éducation morale.

Le règlement présenté a pour but de dégager de l'expérience de la guerre les moyens propres à former une infanterie solide, capable de tirer de son armement le maximum d'effet utile.

Toutefois, une infanterie bien armée et bien instruite ne pourra manifester en campagne toute sa puissance d'action que dans la mesure où elle joindra à cette force matérielle une haute valeur morale.

La guerre a nettement mis en évidence l'importance essentielle de ce dernier facteur.

L'Education morale devra donc dominer et vivifier constamment l'instruction militaire.

L'Amour de la Patrie, principe de cette éducation, engendre les sentiments les plus nobles, crée entre les citoyens une solidarité féconde, assure la cohésion et la force d'une Nation.

Le Patriotisme éveillé dans la famille, développé, à l'école, sera exalté au régiment. Les nombreux faits d'armes qui ont illustré la dernière campagne seront fréquemment donnés en exemple aux recrues.

C'est à ce haut sentiment du Patriotisme, dont les générations successives se sont transmis la tradition intacte, qu'est due l'universelle renommée que l'infanterie française s'est acquise dans l'histoire, au cours des siècles.

Cette renommée a encore grandi pendant la guerre et l'immensité des sacrifices consentis l'a revêtue d'un prestige incomparable.

La génération de la grande guerre a tout sacrifié à l'Amour de la Patrie.

Les générations futures se devront à elles-mêmes de puiser dans cet admirable exemple le culte des hautes vertus morales qui, après nous avoir donné la Victoire, constitueront dans l'avenir la sauvegarde la plus sûre des destinées du Pays.

Le Colonel, Directeur de l'Infanterie.

G. LAGRUE.

PREMIÈRE PARTIE

PRÉPARATION TECHNIQUE
DE L'INFANTERIE

TITRE I.

PRINCIPES GÉNÉRAUX.

CHAPITRE I.

BUT ET DIVISIONS DE L'INSTRUCTION.

1. *But de l'instruction.* — La préparation à la guerre est le but unique de l'instruction des troupes.

Seule, la volonté de vaincre assure le succès. Animant les cœurs et surexcitant les énergies, elle rend l'infanterie ardente dans l'approche, opiniâtre dans l'attaque, tenace dans la défense.

Inspirer la volonté de vaincre et en enseigner les moyens, tel est l'objet essentiel de l'instruction.

2. *Divisions de l'instruction.* — Parmi les matières qui constituent cet enseignement, les unes, telles que l'entraînement à la marche, la pratique du tir, les travaux d'organisation du terrain et les exercices de combat, sont d'une application journalière et immédiate en campagne.

D'autres, telles que l'éducation physique et les exercices en ordre serré, concourent à mettre le soldat dans une condition physique et morale hors de laquelle l'instruction technique la plus soignée risquerait de demeurer inefficace.

Toutes ces matières sont indispensables à la formation du soldat et doivent être enseignées avec le même soin.

Par-dessus tout, une discipline ferme et une solide éducation morale sont les bases sur lesquelles doit s'appuyer toute instruction.

Plus une troupe est disciplinée et plus ses cadres sont instruits, moins elle devra faire de sacrifices pour triompher. Un surcroît de discipline et d'instruction se traduit toujours à la guerre par une économie de sang versé.

3. La marche générale de l'instruction de l'infanterie consiste à donner au soldat et aux unités les connaissances techniques et la cohésion qui leur sont nécessaires, puis à faire application de cet acquis dans les exercices de combat.

A cette division correspondent la première et la deuxième partie du règlement.

Préparation technique de l'infanterie

L'infanterie au combat.

CHAPITRE II.

ACTION DU COMMANDEMENT.

4. L'action du commandement sur l'instruction s'exerce d'après les principes suivants :

Le commandant d'une unité (compagnie et unités au-dessus) est son instructeur permanent et responsable.

Le capitaine est entièrement responsable de l'instruction de sa compagnie et dispose à cet effet de tous ses subordonnés.

D'une manière générale, le commandant de l'unité supérieure fixe le but à atteindre, indique ses intentions et définit les tâches qui incombent aux échelons subordonnés; il laisse à ces derniers le choix des moyens d'exécution. Pour amener les cadres à faire un bon usage de cette initiative, il s'assure que les moyens choisis tendent directement au but qu'il a assigné.

Le Colonel dirige l'ensemble de l'instruction du régiment, qui comprend l'instruction de la troupe et celle des cadres.

5. L'Ecole du Soldat et l'Ecole du Groupe sont enseignées par les sous-officiers sous la direction immédiate des chefs de section et sous la responsabilité des commandants de compagnie. Les sous-officiers sont secondés par les caporaux et par certains anciens soldats dénommés *moniteurs.*

Les mouvements de la section, de la compagnie et du bataillon sont enseignés à chacune de ces unités par le chef qui en exerce le commandement, sous le contrôle du chef de l'unité supérieure.

Lorsque les circonstances nécessitent qu'il soit dérogé à ces règles, il est formé des *unités d'instruction :* leur fonctionnement, la mission et les attributions de leur chef sont réglés, dans chaque cas, par des instructions détaillées du commandement.

Le colonel, secondé par les lieutenants-colonels, organise l'instruction commune à donner à tout le corps des officiers. Les chefs de bataillon entretiennent et améliorent l'instruction théorique et pratique des officiers de leur bataillon, les capitaines celle des cadres subalternes de leur compagnie.

Le colonel et les officiers supérieurs contrôlent et orientent la marche de l'instruction dans les unités placées sous leur commandement.

Tout en restant toujours bienveillant, le contrôle doit être constant et effectif. Il a pour objet de prévenir les négligences et les infractions au règlement, de guider les cadres dans l'application des méthodes de travail, et, en révélant les lacunes de leur instruction professionnelle, d'amener à la compléter.

CHAPITRE III.

MÉTHODES GÉNÉRALES D'INSTRUCTION.

6. Le règlement de manœuvre donne les moyens de former des unités disciplinées, entraînées, manœuvrières, aptes au combat.

L'*Ecole du Soldat* contient les matières de l'instruction individuelle technique que doit posséder tout fantassin du service armé.

Elle est complétée, en ce qui concerne l'instruction du tir, par le *Règlement sur la pratique du tir dans les compagnies d'infanterie* et, en ce qui concerne l'instruction des cadres et des spécialistes, par l'ensemble des règlements et instructions en vigueur dans l'infanterie.

7. Les *exercices d'ordre serré* sont une école de discipline et de cohésion. Ils donnent aux unités les moyens de se présenter et de se mouvoir avec un ordre parfait dans toutes les circonstances étrangères au combat.

Les *exercices d'assouplissement* préparent les unit[illegible] aux exercices de combat en leur enseignant, indép[illegible] damment de toute hypothèse tactique, le mécani[illegible] de tous les mouvements rapides dont elles aur[illegible] faire usage. Ils font partie de l'instruction tec[illegible]

Les *exercices de combat* sont des exercice[illegible] cation de toutes les connaissances acquises [illegible] ment, dans des hypothèses de guerre vari[illegible] brassent tous les actes d'une troupe à p[illegible] ment où elle doit se garantir des feux d[illegible] de l'aviation adverses : approche, [illegible] poursuite, défense, combat en retra[illegible]

Les exercices d'ordre serré n'ont l[illegible] rains qui en permettent la bonne ex[illegible] d'assouplissement commencent sur [illegible] sur des terrains faciles et se poursuivent en terrains variés. Les exercices de combat ont lieu, en principe et autant que possible, en terrains variés.

8. L'instruction de la troupe exige la répétition fréquente d'actes identiques provoqués par des commandements identiques. C'est cette répétition qui développe chez le soldat les réflexes d'obéissance. En conséquence, **les chefs doivent exiger la stricte application des prescriptions du présent règlement et interdire l'usage de mouvements et de commandements non réglementaires.**

9. L'unité de direction est indispensable pour assurer la bonne marche de l'instruction de la troupe.

C'est pourquoi les soldats doivent rester en principe sous le commandement direct des cadres de leur compagnie. Lorsque plusieurs sections ou compagnies différentes sont réunies pour former une unité à effectif de guerre, les hommes d'une même compagnie restent autant que possible groupés sous le commandement de sous-officiers ou d'officiers de leur compagnie. Le mélange des hommes de compagnies différentes pour la constitution d'une même section doit être évité, dans la mesure du possible.

Par contre, le capitaine doit développer entre les cadres et les hommes de la compagnie une connaissance réciproque telle qu'un groupe improvisé ou une section formée de groupes appartenant à des sections différentes puissent manœuvrer avec la même aisance qu'un des groupes ou une des sections constitutives.

Il est du devoir du chef de se consacrer entièrement à l'instruction de son unité. Au cours de l'instruction, toute alternance des instructeurs par jour et par semaine doit être proscrite, mais lorsque l'instruction est terminée, les gradés de la compagnie doivent être interchangeables sans inconvénient.

10. L'instruction est donnée suivant une marche progressive sans attendre l'épuisement complet d'un sujet pour passer à un autre.

L'ordre dans lequel les différentes matières doivent être enseignées est indépendant de l'ordre dans lequel elles sont exposées dans le règlement.

Bien qu'il faille nécessairement débuter par des notions techniques, l'idée de combat doit constamment apparaître et dominer toute l'instruction. Les exercices de combat du groupe doivent commencer dès que les hommes connaissent sommairement les propriétés de leurs armes et le mécanisme des mouvements les plus fréquents.

[illegible] d'une [illegible] application [illegible] du mouvement enseigné. Tout soldat doit [illegible] avoir [illegible] qu'il n'est aucun exercice qui ne soit nécessaire, d'une façon directe ou indirecte, à son action dans le combat.

D'autre part, au lieu de procéder toujours du simple au composé, l'instructeur trouve parfois intérêt à faire débuter une série d'exercices par un exercice d'ensemble dans lequel les fautes, forcément nombreuses, servent à faire [illegible] aux exécutants quel est le but final.

51. — Le choix et le dressage des futurs instructeurs est une des tâches les plus délicates du Chef de bataillon et des capitaines.

[illegible] capable d'instruire [illegible] de recruter les cadres [illegible] parmi les élèves gradés ayant non seulement des connaissances personnelles et des qualités de commandement, mais aussi des aptitudes réelles au rôle d'instructeur. [illegible] capitaine [illegible] de développer ces aptitudes [illegible] constamment ses cadres dans l'art d'enseigner.

Tout officier subalterne ou sous-officier doit être en état d'enseigner aux recrues la totalité des matières de l'instruction : entraînement physique, usage des armes [illegible] de toute nature, ordre serré, assouplissement, combat.

Mais il n'y a [illegible] obligation au capitaine de [illegible] semblable à tous ses gradés. Il lui appartient [illegible] le meilleur parti qu'il peut tirer de chacun d'eux et d'en déduire une division [illegible] concourant au but d'ensemble [illegible] obtenir rapidement de bons résultats.

[illegible]

[illegible]

[illegible]

Le soldat doit fournir un travail accusé ou être au repos : il n'y a pas de situation intermédiaire.

Les repos doivent être aussi fréquents et aussi longs qu'il est nécessaire pour pouvoir maintenir cette exigence, sur laquelle on ne doit pas transiger.

L'instructeur use de fermeté et de patience. Il procède autant que possible en indiquant clairement le but, en montrant pratiquement sa réalisation, puis en faisant exécuter.

Avant toute séance, il prépare son exercice, revoit le règlement et réfléchit aux procédés de détails à employer. Il a des exigences croissantes, mais doit saisir avec tact le moment où la répétition du même mouvement n'amènerait plus aucun progrès; il passe alors à un autre sujet.

Lorsqu'un mouvement collectif est défectueux, il en cherche la cause; il est souvent amené à reprendre d'abord certains mouvements de l'unité inférieure ou même de l'Ecole du Soldat avant de revenir au mouvement d'ensemble qu'il veut enseigner.

L'instructeur met son langage à la portée de ses hommes sans tomber dans la familiarité ou dans la vulgarité. Il évite les explications trop longues ou embrassant trop d'idées à la fois.

En aucun cas, il ne s'astreint à réciter à sa classe le texte du règlement. Ce texte a surtout été rédigé à l'usage des cadres, qui doivent le posséder intégralement, mais à qui il appartient de le traduire à la troupe sous la forme la plus simple.

L'instructeur sera toujours mieux compris en montrant un mouvement qu'en l'expliquant théoriquement. Quand le sujet traité le permet, il s'ingénie à rendre les séances vivantes et à frapper l'imagination des hommes pour obtenir qu'ils n'oublient plus.

D'autres notions ne se gravent dans l'esprit des hommes que par une répétition fréquente de la même formule.

L'instructeur doit posséder les principes généraux d'entraînement qui sont exposés dans l'*Instruction sur l'Entraînement physique du combattant*. Ces principes font partie de l'instruction générale de l'éducateur militaire. Le chef direct de toute unité combattante est un entraîneur : il doit donc avoir des idées très précises sur la progressivité, sur l'importance du dosage, sur l'observation des signes de fatigue, en un mot sur tous les procédés propres à obtenir l'entraînement en évitant l'écueil du surmenage.

Ces connaissances ne sont pas particulières à l'entraînement physique proprement dit. Elles trouvent leur application dans tous les exercices. La préparation physique du combattant, sa préparation technique et tactique doivent être conduites par les mêmes méthodes et dans le même esprit.

13. L'instructeur est assuré de meilleurs effets en développant *l'émulation* et en usant de fréquents *moyens de contrôle*.

L'émulation est un stimulant et une source d'activité féconde. Par elle, on obtient un rendement remarquable du soldat français.

Les concours de toutes sortes, les classements, l'accession à la catégorie supérieure sous réserve d'avoir rempli certaines conditions bien définies, les menues faveurs accordées aux plus méritants constituent des moyens propres à accélérer l'instruction et à lui donner de l'attrait.

Le classement en catégories analogues à celles de l'instruction physique (forts, moyens, faibles) appliqué à la plupart des matières enseignées dans la compagnie, permet de reconnaître les efforts de chacun et de ne pas retenir les meilleurs soldats sur les mouvements qu'ils connaissent, à cause de la lenteur des moins bien doués.

Le contrôle doit toujours s'appliquer à des résultats précis indiqués suffisamment à l'avance et réalisant une application directe des exercices enseignés. Il y a toujours avantage à définir par des chiffres le résultat à atteindre : poids du sac, nombre de balles à mettre dans la cible, nombre de kilomètres à parcourir, hauteur à franchir, temps nécessaire pour creuser une tranchée, pour s'équiper, pour approvisionner et tirer, etc...

Le contrôle périodique permet seul de juger le soldat ou les unités comme il convient, de régler judicieusement le travail imposé et d'obtenir ainsi de chacun le rendement maximum.

14. Par-dessus tout, les instructeurs doivent avoir foi dans leur mission et être ardemment convaincus de la possibilité d'obtenir de bons résultats, malgré les difficultés d'ordre matériel qui peuvent contrarier leur tâche. Ils doivent mettre leur force de volonté et leur amour-propre à réussir.

PARTICULARITÉS RELATIVES A L'INSTRUCTION INDIVIDUELLE.

15. L'école du soldat est enseignée individuellement, c'est-à-dire que chaque homme, ayant compris le but à atteindre, doit de lui-même chercher à l'obtenir, aidé par les conseils de l'instructeur. Celui-ci doit connaître le caractère et le degré d'intelligence de chaque homme et en tenir compte.

A cet effet, les classes d'instruction sont organisées, autant que possible, par fractions constituées de la compagnie et, en tous cas, de telle façon que les mêmes hommes aient toujours les mêmes instructeurs et que le nombre d'hommes confiés à chaque instructeur soit aussi faible que possible.

Les hommes sont disposés sur un ou deux rangs, suivant leur nombre, la nature de l'exercice et la place disponible. Les rangs sont à quatre pas de distance et dans chaque rang les hommes à quatre pas d'intervalle, de manière à conserver la liberté de leurs mouvements et à n'avoir aucune préoccupation d'ensemble.

L'instructeur se place à une distance de la classe telle qu'il puisse voir tous les hommes d'un seul coup d'œil et être vu d'eux. S'il lui est adjoint des caporaux ou des moniteurs, ceux-ci se tiennent à proximité immédiate du groupe dont ils ont la surveillance.

Pour l'enseignement des chapitres III et IV du titre II, les hommes s'exercent d'eux-mêmes sans commandement, d'après les indications de l'instructeur. Lorsque le mécanisme des mouvements est connu, les hommes manœuvrent au commandement de l'instructeur.

INSTRUCTION INDIVIDUELLE SANS COMMANDEMENT.

16. L'instructeur montre le mouvement lentement, en le décomposant en mouvements partiels; il donne de courtes explications au fur et à mesure de l'exécution. Les hommes s'exercent d'eux-mêmes sous la surveillance de l'instructeur qui rectifie les attitudes et les fait rectifier par les caporaux et les moniteurs qui lui sont adjoints.

Les rectifications sont faites sur le ton du commandement, sans brusquerie, et en ne touchant l'homme pour rectifier sa position qu'en cas d'absolue nécessité.

L'instructeur règle la succession des mouvements, de manière à épuiser le programme fixé pour la séance, sans s'attarder trop longtemps aux mêmes mouvements.

La précision et la vivacité ne peuvent être obtenues que progressivement. L'instructeur exige que l'homme travaille sans discontinuer, qu'il manœuvre avec vigueur et qu'il garde exactement l'attitude prescrite, jusqu'au commandement REPOS.

S'il s'aperçoit que la faculté laissée aux hommes de s'exercer individuellement amène quelque relâchement, il les reprend aussitôt par l'instruction à commandement.

La correction de l'attitude, observée dès les débuts, assure l'équilibre de toutes les parties du corps, favorise le développement physique de l'homme, et lui donne l'allure dégagée et martiale que doit avoir un soldat.

INSTRUCTION INDIVIDUELLE A COMMANDEMENT.

17. Cette instruction commence le plus tôt possible, dès que le mécanisme des mouvements est connu. Elle permet à l'instructeur de régler les conditions du travail ainsi que son intensité, en raison du but poursuivi, et d'exercer les hommes à obéir au commandement, à la voix et au geste.

Le but essentiel de l'instruction individuelle à commandement est d'amener progressivement l'homme, par la répétition systématique de mouvements corrects et énergiques, à une exécution d'une précision absolue et pour ainsi dire automatique. Cette instruction développe chez l'homme des habitudes qui garantissent son obéissance au combat.

Les mouvements sont exécutés dans chaque classe au commandement de l'instructeur, d'abord en les décomposant en mouvements partiels, puis sans décomposer.

La cadence, lente au début, est amenée progressivement à celle du pas.

Le commandement d'exécution décide de l'exécution de la première partie; les commandements Deux, Trois, etc..., décident de l'exécution des autres parties.

Les mouvements relatifs au placement et à l'enlèvement de la baïonnette s'exécutent avec promptitude et régularité, mais sans cadence.

Les mouvements se succèdent sans autres interruptions que celles nécessitées par des repos fréquents.

Dans chaque classe, les caporaux et les moniteurs surveillent l'exécution des mouvements : ils communiquent brièvement leurs observations au commencement du repos.

Les mouvements qui sont mal compris ou qui sont exécutés d'une façon incorrecte sont étudiés à nouveau par le procédé de l'instruction individuelle sans commandement.

PARTICULARITÉS RELATIVES A L'ÉCOLE DU GROUPE.

18. L'école du groupe doit une importance particulière à cette considération qu'un soldat est utilisable à la guerre lorsqu'il sait se battre dans le cadre du groupe.

L'instruction individuelle et celle du groupe sont intimement liées l'une à l'autre et sont poursuivies concurremment par les sous-officiers chefs de groupe : en effet, le groupe est assez peu nombreux pour que l'instructeur puisse suivre individuellement chaque soldat, et, d'autre part, on ne saurait concevoir l'instruction du soldat doté de son armement particulier sans la présence des soldats diversement armés au milieu desquels il doit agir.

Ce qui caractérise l'Ecole du Groupe, c'est que les classes d'instruction y sont toujours des groupes ayant leur effectif et leur armement de combat.

PARTICULARITÉS RELATIVES À L'INSTRUCTION DES UNITÉS.

19. L'instruction du groupe et de la section est toujours faite dans la compagnie ou dans l'unité d'instruction s'il en est constitué. Quel que soit l'effectif de la compagnie, il n'est jamais constitué pour l'instruction de groupes inférieurs à 10 hommes. Lorsque cet effectif est dépassé, on renforce d'abord le nombre des pourvoyeurs de F. M. qui peut être porté à 6.

La section est formée en principe à 3 groupes, exceptionnellement à 2 groupes. La compagnie ne forme sur le terrain que le nombre de sections qu'elle peut constituer dans ces conditions.

Le groupe et la section s'instruisent ainsi avec l'effectif qu'ils auraient en temps de guerre.

Les groupes de commandement, au complet ou à effectif réduit, sont toujours constitués.

Pour faire manœuvrer la compagnie à 4 sections et le bataillon à 3 ou 4 compagnies, le Chef de bataillon ou le Colonel réunissent les effectifs nécessaires.

20. L'instruction d'une unité est faite par son chef, sous la direction du chef de l'unité supérieure.

Au début, l'instructeur ne saurait saisir tous les détails de l'exécution en occupant les places assignées par le règlement au chef de la troupe, qui est en principe son guide.

Il se fait alors remplacer dans ces dernières fonctions par son suppléant éventuel. Celui-ci fait les commandements qui lui sont prescrits et tient en toutes choses la place du chef, permettant ainsi à celui-ci de se consacrer entièrement aux explications à donner et à la surveillance de tous ses hommes.

Lorsque l'instruction est avancée ou que l'unité manœuvre dans le cadre de l'unité supérieure, le chef reprend sa place réglementaire.

Le chef s'attache à varier les mouvements. Il commande toujours avec calme, en se gardant de toute précipitation qui rendrait la troupe nerveuse et nuirait à l'ordre. Il laisse entre chacun de ses commandements le temps nécessaire à l'exécution.

Le bruit pendant les exercices et les manœuvres est un indice certain d'un défaut à l'instruction de la troupe et des cadres.

Sur le champ de bataille, l'ordre constitue la meilleure garantie de la promptitude et de la vigueur de l'exécution. En exigeant la précision et l'énergie dans tous les mouvements, le chef maintient son ascendant sur la troupe et lui inculque les habitudes d'ordre, de cohésion et de souplesse qu'elle conservera au combat.

21. Les chefs des fractions subordonnées aident à l'exécution des mouvements en guidant leur fraction et en lui donnant le plus sobrement possible les indications indispensables.

S'ils doivent faire un commandement, ils ne donnent à leur voix que l'ampleur nécessaire pour être entendue de leur propre fraction.

Si le mouvement prescrit a pour effet de disperser les fractions de telle sorte qu'il devienne difficile d'exécuter avec ensemble les commandements du chef, ils reprennent le commandement de leur fraction comme si elle était isolée. A partir de ce moment, les commandements du chef s'adressent en principe à eux et non à la troupe.

Si le chef veut que la troupe manœuvre directement à sa voix, ou s'il pense qu'il peut y avoir quelque doute à ce sujet, il donne l'indication : *A mon commandement.*

PARTICULARITÉS RELATIVES A L'ORDRE SERRÉ.

22. Au début, les mouvements d'ordre serré sont enseignés aux classes d'instruction telles qu'elles sont formées pour l'instruction individuelle ou l'instruction du groupe, d'abord sans arme puis avec l'arme.

Dès qu'ils sont suffisamment connus, *on s'abstient d'y consacrer des pauses entières* et on les fait exécuter par sections ou par compagnies, en profitant du rassemblement de ces unités au commencement ou à la fin de l'exercice.

Une extrême précision est de rigueur. Les alignements doivent être parfaits et l'immobilité absolue. Les repos sont assez fréquents pour qu'aucun relâchement ne soit toléré.

La marche se fait au pas cadencé, l'arme sur l'épaule droite. Toutefois, l'arme peut être mise à la bretelle pendant la traversée des localités au pas cadencé.

Le principal but à atteindre étant de discipliner le corps et l'esprit et d'obtenir une exécution correcte, il est préférable de réaliser une même évolution par plusieurs mouvements élémentaires successifs, plutôt que de rechercher une rapidité qui est ici sans objet.

La pratique de l'ordre serré conserve ainsi toute son efficacité, tout en n'absorbant qu'une minime partie de l'emploi du temps.

Une exacte discipline est maintenue au cours du travail; elle est parfaitement compatible avec l'ardeur et la gaîté.

L'officier directeur établit le programme général de l'entraînement physique de la compagnie, le soumet au capitaine et suit de très près la façon dont les instructeurs l'appliquent dans chaque classe.

Le Capitaine s'assure que l'on se conforme en tous points aux principes et aux règles de travail contenues dans l'Instruction sur l'*Entraînement physique du combattant*. Il préside aux contrôles périodiques qui ont lieu en principe tous les deux mois, il prononce les changements de groupe.

Il n'oublie pas que l'entraînement physique est une œuvre plus délicate que les autres branches de l'instruction parce que les résultats apparaissent moins vite et qu'ils risquent d'être complètement faussés si l'on ne suit pas strictement les prescriptions réglementaires.

PARTICULARITÉS RELATIVES A L'ENTRAINEMENT A LA MARCHE.

26. L'entraînement à la marche doit être obtenu par un éloignement progressif des terrains d'exercice et *contrôlé* périodiquement, tous les 15 jours, par des marches exécutées avec un chargement graduellement augmenté. Ces marches se font par compagnie, puis par bataillon et par régiment. Le chef de l'unité supérieure fixe suffisamment à l'avance les conditions des marches qu'il fera exécuter en vue d'exercer son contrôle.

La discipline de marche est l'objet d'une attention particulière et doit être rigoureusement maintenue en toutes circonstances.

Les marches de nuit sont exécutées à l'occasion des manœuvres ou des exercices de nuit.

Le chargement du sac et des cartouchières, une fois commencé, doit être soigneusement vérifié à tous les exercices.

PARTICULARITÉS RELATIVES AU TIR, AU LANCEMENT DE LA GRENADE ET AU COMBAT A LA BAIONNETTE.

27. L'usage des différentes armes et engins est enseigné au cours de l'instruction individuelle sous la forme de théories pratiques : les classes d'instruction sont disposées de la façon la plus commode autour de l'instructeur et ne sont pas astreintes à l'attitude du soldat sur les rangs. L'instructeur doit surtout être patient : il cultive l'adresse et la souplesse, il combat la raideur et la brusquerie.

Seuls les mouvements mécaniques proprement dits — position du tireur, chargement de l'arme, mouvements d'assouplissement — peuvent être enseignés à des classes d'instruction organisées comme il est dit au n° 15.

L'enseignement des mouvements délicats du tir — pointage, action du doigt sur la détente, etc. — du lancement de la grenade et du combat à la baïonnette doit être confié à des gradés qualifiés, ayant le prestige d'une habileté particulière en la matière et qui instruiront, chacun pour sa spécialité, tous les hommes de la compagnie. Le capitaine les choisit et fixe exactement leur tâche.

Les recrues sont appelées à passer successivement, par groupe de deux à quatre hommes au plus, à ces « ateliers » qui fonctionnent pendant toute la durée de l'exercice. Le Chef de section et le Chef de groupe de chaque homme se tiennent au courant de ses progrès.

Ce procédé, particulier à l'instruction individuelle dans la compagnie ou dans l'unité d'instruction, donne des résultats meilleurs et plus rapides que tout autre. Appliqué aux retardataires et aux maladroits, il permet d'en diminuer notablement le nombre.

L'instruction est d'ailleurs donnée conformément aux prescriptions du *Règlement sur la pratique du tir dans les Compagnies d'Infanterie* et de la deuxième partie de l'Instruction sur l'*Entraînement physique du combattant* (entraînements spéciaux).

Le règlement sur le tir est entièrement orienté vers le *tir individuel de précision*, et prescrit notamment que chaque soldat ne doit exécuter que le genre de tir qui correspond exactement à son degré d'instruction propre.

PARTICULARITÉS RELATIVES A L'INSTRUCTION DE LA DISCIPLINE ET A L'ÉDUCATION MORALE.

28. L'*instruction de la discipline* a pour objet d'imprimer dès le début à l'homme de recrue les habitudes d'ordre, d'obéissance absolue et de correction d'allure qui caractérisent une belle troupe et qu'il conservera par la suite au cours de sa carrière militaire.

Cette instruction, qui a sa base dans les prescriptions du Service intérieur et du Service de Place, doit être matérialisée dans toute la mesure du possible. L'homme ne retient réellement que ce qu'il a vu, et mieux, ce qu'il a fait. L'instructeur remplace le plus souvent la théorie orale par des démonstrations dans lesquelles l'homme, mis en présence d'un cas concret, sera obligé d'agir. Cette méthode est appliquée aux marques extérieures de respect, au service des sentinelles, à l'entretien des armes, etc.

La lecture et le commentaire du Code de justice militaire sont toujours confiés à un officier.

L'instruction de la discipline est confirmée par l'exemple constant du chef, qui constitue un moyen d'instruction permanent et puissant qu'aucun enseignement verbal ne peut remplacer.

2° Toutefois, les moyens de discipline et d'ordre matériel qui permettent, à la rigueur, de plier les volontés, ne sauraient suffire à élever les âmes et à tremper les caractères; l'*éducation morale* est le complément indispensable de l'instruction de la discipline. Elle doit revêtir deux formes distinctes et comprendre :

1° La formation patiente de la mentalité des futurs combattants auxquels on doit apprendre pourquoi il faut être prêt à lutter et pourquoi tous les sacrifices doivent être consentis par une nation qui tient à rester indépendante et qui veut vivre. Cette instruction comprend l'histoire de la guerre, les hauts faits du Régiment, la lecture commentée des plus belles citations individuelles, etc... Elle est éminemment susceptible de créer l'esprit de corps et fait l'objet d'une série de courtes théories contenant ce que nul soldat n'a le droit d'ignorer.

2° Des lectures et des causeries familières ayant trait, soit à des événements d'actualité, soit à des actes de la vie courante, dont le commentaire s'impose. Ces entretiens ne doivent être confiés qu'à des officiers qualifiés, sachant parler au soldat un langage à sa portée et n'improvisant qu'à bon escient. Leur modalité et leur fréquence ne sauraient être réglementées. Il est même préférable qu'ils n'aient aucun caractère de régularité et qu'ils naissent spontanément de l'occasion. Chaque officier a sa façon personnelle d'en appeler au jugement de ses hommes, de gagner leur cœur et de leur faire partager sa conviction.

CHAPITRE IV.

MARCHE ANNUELLE DE L'INSTRUCTION.

30. Le *Programme d'instruction* de chaque unité est établi par le chef de l'unité supérieure.

Ce programme, d'autant plus détaillé que l'unité est plus élevée, indique très nettement le but à atteindre et l'époque à laquelle chaque matière doit avoir été enseignée et pouvoir être contrôlée.

D'une manière générale, le programme donne à une unité déterminée le cadre dans lequel elle doit [illegible]

entre les bataillons les terrains, les gymnases, les champs de tir et stands ainsi que les moyens d'instruction communs à tout le Régiment.

Le Chef de bataillon fait, en ce qui le concerne, la même communication aux capitaines.

Le Capitaine établit le *Tableau du travail de la semaine* qui comprend la tranche du programme à parcourir, l'indication des heures et des emplacements des exercices prévus, les tenues à prendre et le chargement du sac et des cartouchières. Ce tableau est affiché dans la compagnie et adressé en deux exemplaires au Chef de bataillon. Celui-ci porte sur un exemplaire les exercices qu'il a l'intention de faire exécuter dans la semaine sous sa direction et l'envoie au Colonel.

Chaque jour le Capitaine rassemble ses instructeurs, leur indique la *Progression journalière* et y ajoute quelques conseils. Cette progression est, s'il paraît nécessaire, détaillée pause par pause. Elle comprend obligatoirement :

1° Une séance d'entraînement général ou spécial (n° 25);

2° Une courte pause consacrée aux mouvements d'assouplissement du tir qui préparent à l'automatisme de la visée.

L'entraînement progressif au port du chargement est réglé en augmentant chaque semaine le chargement du sac et des cartouchières.

La durée des séances d'exercices est fixée par le Capitaine pour les exercices de la compagnie et par l'officier commandant l'exercice pour les unités supérieures. Elle est proportionnée au degré d'entraînement des hommes, à la nature des efforts qui leur sont demandés et à l'état de l'atmosphère. Modéré au début de l'instruction, le travail augmente progressivement jusqu'à la fin du quatrième mois; il est alors réglé de façon à exiger tous les jours l'effort régulier qui assure l'entraînement en évitant le surmenage.

CHAPITRE V.

INSTRUCTION DE LA TROUPE.

32. Les points principaux de l'instruction de la troupe sont :

1° l'éducation morale;

2° l'entraînement physique;

3° l'Ecole du Soldat, comprenant la manœuvre et le tir des divers engins de l'infanterie; le dressage des équipes et du groupe (fusiliers, grenadiers-voltigeurs, mitrailleurs);

4° les mouvements d'ordre serré du groupe, de la section et des unités supérieures;

5° la connaissance et l'utilisation du terrain; l'emploi des outils, du masque;

6° les exercices d'assouplissement des différentes unités;

7° le dressage des agents de transmission, des sapeurs-pionniers, des spécialistes divers;

8° les exercices de combat;

9° les règles à observer dans les diverses circonstances de la vie en campagne (marches, cantonnements, bivouacs, embarquements, etc.);

10° les règles essentielles du Service Intérieur et du Service de Place (instruction de la discipline).

33. L'instruction de la troupe doit être conduite en se conformant aux principes suivants :

1° Il est nécessaire que tout fantassin sache utiliser, inopinément, une arme quelconque du groupe de combat, et, en plus, la mitrailleuse.

Chaque homme doit donc connaître *l'emploi technique de toutes ces armes.* L'Ecole du Soldat donne les moyens d'atteindre ce but.

2° Le groupe étant la cellule élémentaire du combat, la *mise en œuvre* de chacun des engins de la compagnie d'infanterie est enseignée à tous *dans le cadre du groupe de combat;* celle des engins de la compagnie de mitrailleuses est enseignée à tout le personnel de cette unité dans le cadre du groupe de mitrailleuses et de la section d'engins d'accompagnement.

3° A l'issue de cette instruction, tout homme doit être capable de remplir utilement un rôle quelconque dans le groupe de combat et on doit pouvoir entamer le dressage tactique du groupe, en liaison avec d'autres groupes.

4° Ce premier résultat atteint, il s'agit d'obtenir le rendement maximum des différents engins de l'infanterie et d'assurer le recrutement et le dressage des spécialistes (signaleurs, téléphonistes, pionniers, etc.). A cet effet, on fixe définitivement les titulaires des différents emplois dans le groupe et on désigne les spécialistes des unités supérieures, *en vue de l'entraînement intensif de chacun dans le rôle qui lui est assigné.*

5° Cette instruction est exploitée, développée et coordonnée au point de vue tactique par des *exercices de combat.*

INSTRUCTION DES RECRUES.

34. L'instruction des recrues parcourt, en conséquence, le cycle suivant :

1° Tous les jeunes soldats sont incorporés dans les compagnies ordinaires et y sont armés, équipés et instruits en grenadiers-voltigeurs. Ils reçoivent l'instruction individuelle de l'homme armé du fusil, l'instruction des mouvements d'ordre serré, les premiers éléments de l'instruction du tir.

Le tir réduit commence immédiatement pour les hommes qui arrivent au régiment avec des notions suffisantes, le plus tôt possible pour les autres.

2° A la date fixée par le Colonel, vers la fin du premier mois, les mitrailleurs et les servants des engins d'accompagnement sont désignés par le Chef de bataillon et versés dans les compagnies de mitrailleuses : les mitrailleurs sont entraînés aux diverses fonctions des servants des mitrailleuses, les servants des engins d'accompagnement à la manœuvre et au tir du canon de 37 et du mortier Stokes. En outre, tous sont initiés à la mise en œuvre des engins du groupe de combat; les servants des engins reçoivent une instruction sommaire de la mitrailleuse.

Dans les compagnies ordinaires, l'Ecole du Soldat et le dressage du groupe en vue du combat se poursuivent, les hommes occupant à tour de rôle tous les emplois. Les officiers les observent et notent les individualités alertes et agissantes qu'ils pousseront comme soldats d'élite.

A la même date, les élèves caporaux du régiment sont désignés et réunis en un peloton spécial. Il est constitué un peloton spécial dans chaque bataillon détaché. (N° 42).

3° Au cours du troisième mois de l'instruction, le Capitaine assigne à chaque jeune soldat un rôle dans le groupe et lui affecte son armement de combat.

A partir de ce moment, chacun est entraîné intensivement dans son rôle propre : l'instruction de combat du groupe isolé s'achève dans ces conditions. On exécute les premiers exercices de combat de la section constituée à trois groupes, afin de montrer l'application du combat du groupe dans le cadre de la section.

A la fin du quatrième mois, les recrues doivent être mobilisables.

4° A partir du cinquième mois, on développe dans les compagnies ordinaires et dans les compagnies de mitrailleuses l'instruction acquise pendant la première période. On forme les soldats d'élite. On continue les exercices de combat du groupe en liaison avec d'autres groupes, puis on exécute les exercices de combat des unités supérieures au groupe jusqu'au régiment inclus.

En résumé :

L'homme est mobilisable dès qu'il sait se battre dans le groupe de combat.

Parmi les points principaux énumérés plus haut (n° 32), il est nécessaire qu'à la fin de la première période d'instruction, il connaisse particulièrement : le service de son armement particulier, l'utilisation du terrain, l'emploi des outils et du masque et les règles à observer dans les diverses circonstances de la vie de campagne.

Il doit être capable, à la même époque, de faire une marche de 24 kilomètres avec le chargement de campagne.

INSTRUCTION DES ANCIENS SOLDATS.

35. L'instruction des anciens soldats se poursuit séparément de celle des recrues tant que celles-ci ne sont pas mobilisables. A partir de ce moment, il est fréquemment utile de les faire rentrer dans les groupes de combat, pour y remplir leurs rôles particuliers, donner l'exemple aux jeunes soldats et coopérer au perfectionnement de l'instruction de ces derniers.

Les séances consacrées aux anciens soldats sont employées à les préparer aux fonctions d'observateurs, de patrouilleurs, d'agents de liaison, de pionniers, de suppléants de certains spécialistes, de moniteurs aux recrues, et pour les plus intelligents et les plus énergiques, de chefs d'équipe.

Chaque fois qu'il est possible de les grouper en nombre suffisant, il est organisé dans la compagnie ou dans le bataillon des exercices de combat, dont chacun doit avoir un but bien déterminé. On évite de revenir trop souvent sur les éléments d'instruction du début et de répéter les exercices simples du commencement de l'instruction qui risqueraient de devenir monotones et fastidieux.

INSTRUCTION DES HOMMES DU SERVICE AUXILIAIRE.

36. Les hommes du service auxiliaire sont exclusivement destinés à remplacer, dans les emplois sédentaires, les hommes aptes au service armé.

Ils ne doivent pas être préparés à faire campagne; toutefois, ils sont astreints à toutes les règles de la discipline ainsi qu'à toutes les obligations imposées par les lois et par les règlements militaires autres que celles qui visent la préparation à la guerre.

Ils reçoivent la même éducation morale que les autres soldats et acquièrent, dans les mêmes conditions que ces derniers, des notions suffisantes sur la hiérarchie militaire, la discipline, les devoirs des hommes dans leurs foyers, le Code de Justice militaire, le Service Intérieur et le Service de Place.

Ils doivent, en outre, être soumis, sans armes, aux quelques exercices strictement indispensables pour pouvoir être groupés dans une formation régulière et se porter en ordre d'un point à un autre.

Leur instruction militaire est limitée à ces connaissances et ne comprend pas le maniement des armes.

La semaine de l'incorporation et les matinées des deux semaines suivantes sont entièrement consacrées à l'instruction susvisée; mais, par la suite, on ne doit pas les distraire de leurs emplois plus d'une demi-journée par semaine.

Ils prennent part chaque jour à la séance de gymnastique éducative prévue par le règlement d'éducation physique.

Le service de santé régimentaire est consulté sur les mouvements particuliers qui sont plus spécialement recommandés à chacun d'eux.

INSTRUCTION DES HOMMES DE COMPLÉMENT.

37. Les réservistes et les territoriaux doivent être considérés comme des soldats confirmés. Après une très courte période d'Ecole du Soldat destinée à leur faire reprendre les habitudes de discipline et de régularité qu'ils ont contractées pendant leur service actif et, s'il y a lieu, à leur enseigner les mouvements nouvellement introduits dans les règlements, ils exécutent les exercices d'assouplissement et de combat du groupe, jusqu'au moment où ils reprennent leur place dans le rang pour les exercices d'ensemble de la section, de la compagnie ou des unités supérieures.

DÉSIGNATION ET INSTRUCTION DES SPÉCIALISTES.

38. Le Colonel règle l'instruction des spécialistes en tenant compte de la nécessité de les rendre rapidement utilisables dans leur spécialité, mais en considérant que, pour des raisons diverses, ils peuvent être appelés à rentrer dans le rang et qu'ils doivent y rester constamment préparés, soit par une participation déterminée aux exercices des compagnies, soit par l'organisation d'exercices spéciaux à leur usage.

Les spécialistes du bataillon et du régiment ne sont désignés qu'à l'issue du quatrième mois d'instruction, sauf nécessité absolue de les instruire plus tôt. Ceux qui ont leur place marquée dans l'effectif de paix de la compagnie hors rang sont versés dans cette compagnie dans la mesure des vacances.

Le Chef de corps fixe le nombre des recrues qui doivent recevoir l'instruction de téléphonistes, radiotélégraphistes, signaleurs-colombophiles, pionniers, conducteurs, brancardiers, etc..., pour assurer les besoins du corps sur le pied de guerre, compte tenu des spécialistes de ces catégories à rappeler en cas de mobilisation. Ces hommes sont, soit maintenus dans leurs compagnies, soit réunis à la compagnie hors rang pendant la durée de leur instruction spéciale ou de leur stage. Cette instruction est ensuite entretenue par des exercices périodiques et au cours des exercices de combat du bataillon et du régiment.

Le Colonel peut régler par régiment l'instruction de tous les spécialistes ou décider que certains d'entre eux (observateurs, agents de transmission, cyclistes, élèves comptables, etc...) recevront leur instruction par bataillon.

La désignation et l'instruction des employés du temps de paix qui n'ont pu être fournis par le service auxiliaire (cuisiniers, tailleurs, cordonniers, secrétaires, etc...) sont faites d'après les mêmes règles.

Le Colonel fixe avec précision dans quelle mesure chaque catégorie de spécialistes et d'employés doit prendre part au service commun.

CHAPITRE VI.

INSTRUCTION DES CADRES.

39. L'instruction des cadres a pour objet de développer leur aptitude à **commander** et leur aptitude à **instruire**.

La formation des instructeurs a pour base l'étude des documents réglementaires. Les règlements assurent l'unité d'instruction dans toute l'infanterie. Le commandement veille à ce qu'ils soient connus, respectés et appliqués. Il donne l'exemple en évitant de les paraphraser ou de les modifier de sa propre autorité : c'est là une attribution qui est du domaine exclusif du Ministre.

La connaissance des règlements ne vaut que par l'art de les enseigner et de les appliquer. Les aptitudes pédagogiques sont inégales chez les meilleurs gradés, mais elles sont toujours perfectibles par l'étude attentive des procédés d'instruction et par les conseils des officiers expérimentés.

Instruire est, en temps de paix, le rôle essentiel des cadres permanents des corps de troupe.

La formation des cadres en vue du commandement consiste à familiariser les chefs d'unités avec l'application des procédés de combat dans des hypothèses variées. Elle comprend des exercices sur la carte, des exercices de cadres sur le terrain et des exercices de combat exécutés avec la troupe, à simple action et quelquefois à double action. Elle se poursuit toute l'année.

Les exercices visent le plus souvent le cas de l'unité encadrée, agissant droit devant elle, dans une zone de terrain bien déterminée, vers un objectif proportionné à son effectif.

Les exercices organisés pour les cadres subalternes de la compagnie doivent être limités au combat de la section et de la compagnie.

Le directeur prend comme hypothèse une situation très simple : il exige que ses subordonnés, après avoir réfléchi, *donnent leurs ordres*, sans les accompagner d'aucun commentaire justificatif. Le directeur fait intervenir des incidents ou de nouvelles hypothèses, ce qui provoque de nouveaux ordres; à la fin de l'exercice, il en fait la critique et peut alors interroger les intéressés sur les motifs qui les ont poussés à prendre telle ou telle détermination.

Cette gymnastique de l'esprit répétée très souvent entraîne les cadres à prendre des décisions rapides, à les exprimer d'une façon concise et complète et à ne jamais hésiter lorsqu'ils sont à la tête d'une troupe.

A la guerre le succès appartient fréquemment à celui qui, se décidant et agissant avec rapidité, déconcerte un adversaire en train de préparer une manœuvre et met à néant les ordres qu'il a déjà donnés.

40. Il est recommandé d'exiger des cadres, après les exercices de combat de compagnie ou de bataillon, un compte rendu comprenant un texte très court et un croquis. Cette pratique les habitue à rédiger et à dessiner. Les croquis sont examinés en commun : le capitaine montre combien il est important que tout sous-officier puisse envoyer à ses chefs des renseignements sans ambiguïté et faciles à saisir d'un coup d'œil.

L'art de reconnaître le terrain et d'en utiliser réellement toutes les ressources ne s'acquiert pas suffisamment par la lecture de la carte et par l'observation des accidents du sol : il est en outre nécessaire d'exécuter des levers ou des croquis topographiques qui obligent à le scruter en détail.

Les sous-officiers présentant les aptitudes voulues doivent y être eux-mêmes exercés. Ils peuvent de même assister à certains des exercices sur la carte ou des exercices de cadres préparés pour les officiers subalternes.

41. A tout échelon, les officiers et les sous-officiers doivent être capables de commander et d'instruire l'unité correspondant à leur grade et de commander l'unité supérieure. Les officiers supérieurs doivent pouvoir conduire une opération simple comportant l'emploi de plusieurs armes.

INSTRUCTION DES ÉLÈVES CAPORAUX.

42. Les pelotons d'élèves caporaux commencent à fonctionner au plus tard au début du deuxième mois d'instruction.

Les élèves caporaux sont choisis parmi les soldats qui font preuve d'intelligence, de travail, de robustesse, d'esprit de discipline et qui semblent avoir de l'aptitude au commandement.

Le choix des élèves gradés prime en principe celui des spécialistes ou employés divers.

Le Chef de bataillon examine individuellement tous les hommes proposés par les capitaines, en arrête la liste et l'adresse au Chef de corps. Toute radiation doit être demandée par le Capitaine ou par le directeur du peloton. Elle est prononcée par le Chef de bataillon qui en rend compte ou par le Chef de corps.

En principe, il est constitué un seul peloton d'élèves caporaux pour le régiment. Dans des circonstances particulières ou lorsqu'un bataillon est détaché, le Colonel peut constituer deux pelotons pour le régiment ou un peloton par bataillon.

Le Colonel ou le Chef de bataillon, selon le cas, désigne les cadres du peloton et approuve le programme d'instruction présenté par le directeur du peloton.

A partir du moment où le peloton est réuni, son instruction est complètement indépendante de celle des compagnies.

En vue de leur donner les facilités qui leur sont nécessaires pour travailler, les élèves caporaux sont groupés dans une ou plusieurs chambres, toutes les fois que les ressources du casernement le permettent.

Le peloton des élèves caporaux prend le nom de *peloton n° 1*.

43. L'instruction comprend :

1° l'étude des premiers éléments des règlements, en les limitant d'une manière générale aux textes importants qui doivent être sus à peu près littéralement par tous les cadres;

2° des notions sommaires sur les prescriptions des règlements relatives à la compagnie et à la section; la connaissance des fonctions des caporaux et des sergents;

3° la connaissance complète des prescriptions des règlements relatives au groupe;

4° l'étude pratique approfondie de toutes les armes de la compagnie d'infanterie et le maniement de toutes les armes en service dans l'infanterie;

5° la pratique complète du commandement d'une équipe de fusiliers ou de voltigeurs.

Aux époques et dans les conditions fixées par le colonel, les élèves caporaux sont examinés sur le terrain et sont notés sur les points suivants : tenue et esprit de discipline, vigueur physique, connaissances théoriques et pratiques, aptitude au commandement, aptitude aux fonctions d'instructeur. Un classement d'ensemble est arrêté. Il en est tenu le plus grand compte pour les nominations au grade de caporal.

44. Les élèves caporaux destinés aux compagnies de mitrailleuses et aux sections d'engins d'accompagnement forment des subdivisions du peloton du régiment. Dans chaque bataillon, ils sont désignés par le Chef de bataillon, assisté du Capitaine commandant la compagnie de mitrailleuses. Cette désignation a lieu au plus tard quinze jours après la réunion du peloton. Leur instruction se poursuit sous la direction de l'officier chargé du peloton, qui fixe les séances communes à tout le peloton et les séances particulières aux subdivisions.

Les militaires pourvus du certificat de préparation au service militaire et les engagés volontaires provenant des Ecoles militaires préparatoires font obligatoirement partie des pelotons n° 1. Les premiers peuvent être nommés caporaux au bout de quatre mois, les seconds dans le minimum de temps prévu par la loi.

Le Colonel prend des mesures pour que les engagés volontaires et les hommes qui sont incorporés au cours de l'année d'instruction soient l'objet d'une attention particulière et puissent acquérir les connaissances des élèves caporaux; il organise, au besoin, des pelotons supplémentaires.

INSTRUCTION DES ÉLÈVES SOUS-OFFICIERS.

45. Il est organisé par régiment un *peloton n° 2*, composé des meilleurs caporaux et des élèves caporaux remplissant certaines conditions déterminées par le Colonel. Ce peloton fonctionne pendant un minimum de trois mois. Un classement est établi d'après les résultats d'un examen final. Il en est tenu le plus grand compte pour les nominations.

Le programme d'instruction est établi de façon à compléter les connaissances nécessaires à un sous-officier, savoir :

1° des notions générales sur les règlements d'infanterie (y compris les mitrailleuses et les chars blindés);

2° la connaissance complète des règlements et prescriptions relatifs à la section d'infanterie;

3° la pratique complète du commandement d'un groupe et éventuellement d'une section;

4° la lecture de la carte, l'utilisation des jumelles et de la boussole, la rédaction de comptes rendus, l'exécution de croquis topographiques et autres.

Les élèves sous-officiers destinés aux compagnies de mitrailleuses et aux sections d'engins d'accompagnement forment une subdivision du peloton n° 2.

INSTRUCTION DES CAPORAUX ET SOUS-OFFICIERS SPÉCIALISTES.

46. Les gradés destinés à être spécialisés en dehors des compagnies ordinaires ou de mitrailleuses reçoivent d'abord l'instruction de leur grade dans les pelotons n° 1 et, s'il y a lieu, n° 2.

En outre, l'instruction spéciale qui convient à chacun d'eux leur est donnée suivant les dispositions prises par le Chef de corps. Ils doivent acquérir une connaissance complète des règlements et du matériel de leur spécialité (engins d'accompagnement, appareils de transmissions, outils, explosifs, etc.).

L'instruction des comptables est organisée par le Major et le Trésorier, d'après les ordres du Chef de corps.

INSTRUCTION DES SOUS-OFFICIERS RENGAGÉS.

47. Les sous-officiers rengagés doivent avoir des divers règlements d'infanterie une connaissance plus complète que celle qui est donnée au peloton n° 2. Ils doivent connaître toutes les prescriptions des règlements relatives à l'instruction et à la manœuvre de la compagnie.

Il importe de développer surtout leurs connaissances dans le sens de leur rôle principal qui est d'être des instructeurs.

Ils doivent également connaître les éléments de la comptabilité d'une unité administrative.

Le Chef de bataillon établit pour des périodes d'un ou plusieurs mois un programme des matières à revoir ou à étudier par les sous-officiers rengagés. Il fixe la date à laquelle il contrôlera leur travail, d'une part par des interrogations sur ces matières, d'autre part par des épreuves groupant tous les sous-officiers rengagés du bataillon. Les capitaines les mettent en état d'y satisfaire.

L'adjudant et l'adjudant-chef remplissant le rôle de chefs de section doivent recevoir dans la mesure du possible la même instruction professionnelle que les lieutenants.

INSTRUCTION DES OFFICIERS.

48. Le Colonel est responsable de l'instruction de son corps d'officiers.

Cette instruction comprend l'instruction générale et l'instruction professionnelle.

L'instruction générale assure le prestige de l'officier sur les sous-officiers et sur la troupe. Pour les officiers ne sortant d'aucune école, elle doit être au moins au niveau des connaissances générales exigées pour entrer à l'Ecole militaire d'infanterie.

Le Colonel, assisté des Lieutenants-Colonels, prend toutes les mesures utiles pour encourager les officiers à augmenter leur acquis ou à combler les lacunes de leur instruction : constitution de bibliothèques régimentaires, réunions des officiers du corps, conférences de garnison, groupement de plusieurs officiers pour un travail d'étude commun, travaux particuliers, etc.

L'instruction professionnelle des officiers comporte :

1° la connaissance complète de tous les règlements de l'infanterie (y compris ceux concernant les mitrailleuses et les chars blindés), la connaissance des propriétés des autres armes, en particulier de l'artillerie et de l'aviation;

2° la connaissance et le maniement de tous les engins en service dans l'infanterie, la connaissance de tout le matériel du régiment en campagne;

3° la pratique complète du commandement tactique et administratif de leur unité et la capacité à commander l'unité supérieure;

4° une connaissance approfondie du terrain acquise par l'exécution de nombreux levers topographiques, croquis de reconnaissance, panoramas d'observatoires, etc.

L'instruction professionnelle des officiers est surveillée de très près par le Chef de bataillon qui réunit périodiquement les officiers de son bataillon, leur fixe point par point un programme d'études et contrôle les résultats. Il rend compte au Colonel, à l'occasion des notes données au moins une fois par an, du degré d'instruction de chaque officier.

CHAPITRE VII.

MOYENS DE COMMANDEMENT.

49. Le chef transmet sa volonté à la troupe soit par des commandements à la voix, soit par des commandements au geste, soit par des commandements à la voix et au geste employés simultanément, soit enfin au moyen d'ordres verbaux ou écrits.

Les commandements à la voix s'emploient toutes les fois que l'exécution doit être simultanée et immédiate.

Les gestes remplacent les commandements à la voix lorsque l'éloignement ou le bruit ne permettent pas au chef de se faire entendre ou lorsqu'il y a intérêt à manœuvrer en silence. Il y a souvent avantage à employer simultanément les commandements à la voix et les gestes.

Le sifflet ou la corne sont utilisés pour attirer l'attention.

Les ordres s'emploient dans les exercices d'assouplissement et de combat du bataillon et des unités supérieures.

Pour l'instruction et pour l'ordre serré, on distingue deux sortes de commandements : le *commandement préparatoire* qui définit le mouvement à exécuter et le *commandement d'exécution*.

Le commandement préparatoire est indiqué dans le texte en lettres italiques; le commandement d'exécution en lettres capitales.

Le ton du commandement doit être distinct et d'une étendue de voix proportionnée à la troupe commandée.

Les commandements préparatoires sont prononcés dans le haut de la voix et en allongeant très légèrement la dernière syllabe; les commandements d'exécution sont prononcés d'un ton ferme et bref.

Dans les exercices d'assouplissement et de combat, tous les commandements sont des commandements d'exécution.

51. *Commandements au geste.* — Les commandements au geste sont faits avec le bras seul ou tenant le sabre ou le fusil.

EN AVANT. Elever le bras verticalement, l'étendre horizontalement sans brusquerie dans la direction à suivre.

MARCHE. Ramener le poignet à l'épaule et le projeter vivement dans la direction à suivre.

HALTE. Le bras étant élevé verticalement, l'abaisser vivement et complètement.

CHANGER DE DIRECTION. Etendre le bras horizontalement dans la nouvelle direction. Le laisser ainsi jusqu'à ce que la troupe soit nettement engagée dans cette direction.

DEMI-TOUR A DROITE. Le bras tendu verticalement, exécuter un moulinet de l'avant-bras. Puis, faire le signal : MARCHE.

PAS GYMNASTIQUE. Elever et abaisser plusieurs fois verticalement le bras demi-tendu.

PAS CADENCÉ. Donner au bras tendu latéralement à hauteur de l'épaule un mouvement lent et alternatif de haut en bas et de bas en haut.

RASSEMBLEMENT. Elever le bras verticalement et le laisser levé jusqu'à ce que le rassemblement soit en voie d'exécution.

52. Dans les exercices d'assouplissement et de combat les officiers supérieurs font usage de la corne et les commandants de compagnie du sifflet pour attirer l'attention de leurs subordonnés.

Un coup de corne ou un coup de sifflet équivaut au commandement : GARDE A VOUS. Tous les subordonnés se tournent vers le chef pour voir ses gestes et mieux entendre ses commandements ou ses ordres.

En colonne de route, un coup long signifie : PAS CADENCÉ; un coup long suivi d'un coup bref signifie : HALTE, FORMEZ LES FAISCEAUX, SAC A TERRE.

A la fin de la pause, un coup long ordonne : RASSEMBLEMENT, SAC AU DOS. Un coup long et un coup bref : EN AVANT (*pas cadencé*), MARCHE. Un nouveau coup bref : PAS DE ROUTE.

En cas d'apparition d'avions ennemis ou suspects, une série de coups brefs signifie : *ordre de prendre les dispositions d'alerte;* une série de coups longs signifie : *fin d'alerte.*

Dans les exercices et les manœuvres, le directeur seul peut ordonner des sonneries de clairon.

CHAPITRE VIII.

DÉFINITIONS ET RÈGLES GÉNÉRALES.

53. Les termes militaires ont un sens précis dans lequel ils doivent exclusivement être employés, aussi bien dans le langage courant que dans les ordres ou les comptes rendus écrits.

54. Une troupe est habituellement disposée en colonne ou bien par rangs et par files.

Elle peut être en ordre serré, déployée par fractions ou déployée en tirailleurs.

La *colonne par un* (terme courant : *colonne*) se compose d'hommes placés les uns derrière les autres. La colonne par 2, 3..... se compose de 2, 3..... colonnes par un juxtaposées.

Le *rang* se compose d'hommes placés les uns à côté des autres et ayant leurs épaules sur le même alignement.

Dans une troupe formée sur 2, 3..... rangs, on appelle *file* chaque fraction de 2, 3..... hommes placés les uns derrière les autres; celui du premier rang est le *chef de file;* une file est *creuse* s'il n'y a pas d'homme au 2ᵉ, 3ᵉ..... rang. Un *serre-files* est un gradé placé derrière le dernier rang de la ligne ou sur le flanc de la colonne avec mission de s'assurer de la correction de la marche ou des mouvements et de veiller à ce que chacun conserve sa place dans le rang ou dans la colonne.

On entend par :

Homme de base : le sous-officier, caporal ou soldat sur lequel une troupe règle sa marche. En colonne, l'homme de base est l'homme de tête d'une colonne dite *colonne de base*, désignée selon les besoins. En ligne sur deux ou trois rangs, c'est le chef de file d'une *file de base* désignée de même, au centre, à droite ou à gauche, selon les besoins.

Unité de base : la fraction d'une troupe sur laquelle les autres fractions semblables de la même troupe règlent leur marche par l'intermédiaire de leur chef et de leur homme de base.

La situation respective des différents éléments d'une troupe quelconque, déployée ou non, de pied ferme ou en marche, est déterminée par les règles générales suivantes :

Le chef de la troupe indique la fraction de base, la distance à laquelle le chef de cette fraction doit se tenir de lui (si cette distance n'est pas fixée par le règlement) ou le point sur lequel le chef de cette fraction doit marcher; ce dernier agit de même vis-à-vis de son homme de base.

Tout élément, fraction ou homme, qui n'est pas de base se règle sur l'élément de base ou sur l'élément voisin du côté de la base. Chacun est responsable de son intervalle ou de sa distance de ce côté, et résiste aux pressions qui peuvent se produire du côté opposé. Tout élément, fraction ou homme, qui a perdu son intervalle ou sa distance, les regagne progressivement et sans à coup.

Colonne : la disposition d'une troupe dont les fractions sont les unes derrière les autres.

La colonne par un, définie plus haut, est un cas particulier de cette acception générale.

Ligne : l'ensemble d'une troupe dont les éléments sont disposés les uns à côté des autres, quels que soient leurs formations et leurs intervalles.

Le mot *ligne* s'emploie surtout pour les unités en ordre serré et pour les grandes unités au combat. Pour les petites unités au combat, il est remplacé par le mot *échelon*, afin de ne pas éveiller l'idée d'une formation linéaire, rigide et continue. Pour le bataillon, on peut dire indifféremment : bataillon de 1er échelon ou bataillon de 1re ligne.

Droite : l'extrémité droite d'une troupe en ligne.

Droite d'un objectif : la partie de cet objectif qui est vue par l'observateur à sa droite.

Front : l'espace occupé en largeur par une troupe soit en ligne, soit en colonne. On évalue le front d'une troupe à rangs serrés à raison de 1m,15 par homme si les hommes sont à l'intervalle normal (n° 185) et de 70 centimètres s'ils sont au coude à coude (n° 195).

Formation : le placement régulier de toutes les fractions d'une troupe disposée en ligne, en colonne ou pour le combat.

Profondeur : l'espace compris entre la tête du premier élément et la queue du dernier élément de toute formation.

Distance : l'espace vide séparant deux hommes ou deux unités placées l'une derrière l'autre. Entre deux unités, la distance se mesure toujours entre le dernier rang de l'unité de tête et le premier rang de l'autre unité. Cette règle continue à s'appliquer si l'unité de tête vient à s'échelonner en plusieurs fractions successives.

Intervalle : l'espace vide séparant deux hommes placés sur un même rang ou l'espace vide séparant deux unités voisines, compté parallèlement au front. Entre deux unités non déployées et à la même hauteur, l'intervalle se compte de l'homme ou du gradé de droite de la fraction de gauche à l'homme de gauche de la fraction de droite.

Si des unités ayant pris entre elles un intervalle fixé viennent elles-mêmes à effectuer des déploiements ou des resserrements intérieurs, elles doivent conserver la même situation relative et ne pas modifier, sans ordre, l'axe de marche qui résultait pour chacune d'elles de l'intervalle fixé.

L'échelonnement en profondeur est à la base de tous les dispositifs offensifs et défensifs.

Pour une petite unité d'infanterie, c'est la répartition de

ses éléments en plusieurs tranches successives, dites *échelons*, tenues à rester distinctes, mais n'étant astreintes à aucun alignement et à aucune continuité. Les échelons peuvent être débordants. Les fractions faisant partie d'un même échelon peuvent avoir entre elles un grand espacement en largeur.

On appelle :

Unités successives : des unités placées les unes derrière les autres, quelle que soit la distance qui les sépare, arrêtées ou progressant sur le même axe de marche ou sur des axes parallèles peu éloignés.

Unités accolées : des unités placées l'une à côté de l'autre dans un même échelon, quel que soit l'intervalle qui les sépare et sans qu'elles soient strictement à la même hauteur.

Echiquier : un ensemble de troupes placées sur deux ou plusieurs échelons et fractionnées avec des intervalles, les fractions d'un échelon correspondant aux intervalles du précédent.

Evolutions : les mouvements exécutés pour passer d'une formation à une autre.

Dispositif : le partage d'une troupe en fractions ayant chacune un rôle particulier à remplir pour concourir au même but.

Rassemblement articulé : un dispositif comportant de larges intervalles et distances entre les fractions d'une unité, celle-ci restant prête à agir immédiatement dans plusieurs directions, sous les ordres de son chef.

Manœuvre : une combinaison du feu et du mouvement mettant en action un dispositif en vue d'atteindre un but défini.

Position : l'ensemble du terrain, organisé ou non organisé, occupé par les troupes. Dans l'ensemble d'un dispositif de grande unité, deux positions successives sont distantes de plusieurs kilomètres.

Objectif : la partie de la position ennemie à atteindre par une troupe qui attaque.

Entre des *objectifs successifs*, l'infanterie peut avoir à exécuter plusieurs *bonds*, surtout au début d'un combat de rupture de positions organisées. Chaque bond se termine sur une *ligne d'arrêt* prévue (ou sur l'objectif).

Au delà des objectifs indiqués, il est toujours donné des *points de direction* éloignés, tant pour guider la marche sur ces objectifs que pour assurer le développement de l'action, s'il y a lieu, après la rupture des premières positions.

56. Une *action offensive* est une action d'ensemble ayant pour but de rompre le dispositif de combat de l'ennemi. Elle peut comporter plusieurs attaques successives ou simultanées, chaque attaque pouvant durer plusieurs heures ou plusieurs jours et se décomposer en un certain nombre de phases.

Plans et ordres d'attaque : les projets et les mesures d'organisation arrêtées dans une grande unité sont rédigés sous forme de *plans*. Pour toutes les unités, les mesures d'exécution d'une attaque sont exprimées par des *ordres*.

On appelle :

Zone d'action : dans l'offensive, le terrain attribué au bataillon et aux unités supérieures. En principe, la compagnie ne reçoit pas de zone d'action. Sa zone, sans qu'il soit nécessaire d'en préciser les limites, ressort de la *mission* et des *points de direction* éloignés qui lui sont donnés.

Approche : les mouvements d'une infanterie qui se porte à distance d'assaut sous le feu de l'artillerie et des avions et qui diminue sa vulnérabilité par des *formations d'approche* appropriées.

Attaque : les actions d'une infanterie qui a dû prendre une formation lui permettant de répondre au feu de l'infanterie ennemie et dont la progression se fait par une combinaison du feu et du mouvement.

Assaut : l'acte principal et décisif de l'attaque. Tantôt l'attaque débute par un assaut : la *formation d'assaut* résulte alors d'une *mise en place* secrète sur une *base de départ* plus ou moins organisée; tantôt cette formation est le dernier aspect d'une *formation d'attaque* qui a elle-même succédé à des *formations d'approche*, par variations successives du dispositif.

Passage de ligne ou d'échelon : le dépassement du bataillon de tête par un ou plusieurs des bataillons successifs, sur une ligne de terrain définie d'avance.

Axe de transmission : la ligne de communication centrale traversant la zone d'action d'une grande unité. On y trouve un *centre de renseignements avancé*, à proximité des *centraux* téléphoniques et optiques.

Avant-garde : un dispositif de première prise de contact ou de poursuite caractérisé par des distances beaucoup plus considérables que celles des formations d'approche ou d'attaque. Les échelons d'un bataillon ou d'une compagnie d'avant-garde s'appellent *pointe, tête* et *gros*.

Arrière-garde : les éléments destinés à protéger les derrières d'une troupe en marche.

Flanc-garde : les éléments fixes ou mobiles destinés à protéger le flanc d'une troupe non encadrée.

Flanc-garde de liaison : un détachement marchant au combat sur la limite d'action de deux unités accolées, avec mission de remédier à la disjonction qui pourrait provenir d'une avance inégale ou divergente.

Troupe réservée ou réserves (1) : La fraction d'une unité qui reste à la disposition du chef de cette unité ou du chef supérieur; se dit par opposition à troupe *engagée.*

57. Une *action défensive* est une action d'ensemble ayant pour but la conservation et la *défense du terrain* sur lequel le commandement a résolu de briser le dispositif offensif de l'ennemi.

Une troupe peut soutenir un *combat défensif* ou être dans une situation de *stabilisation* plus ou moins prolongée.

Le *plan de défense* est un document établi à tous les échelons jusqu'à la compagnie incluse et visant le fonctionnement normal de la défense avec les moyens immédiatement disponibles. Il est souvent complété par un *plan de renforcement,* prévoyant les resserrements à exécuter pour faire place à de nouvelles unités venant assurer la défense d'une partie du front.

On appelle *position principale de résistance* l'ensemble du terrain et des organisations occupées par les *gros* des troupes de la défense. Elle est précédée d'une *position de sûreté* ou *d'avant-postes* et suivie parfois d'une *position de barrage.*

Dénomination des troupes de la défense :

1° Troupes de *sûreté*, de *couverture*, ou *avant-postes* (2) se battant sur la position de sûreté;

2° *Gros*, défendant à outrance la position principale;

3° *Réserves générales* placées sur la position de barrage et en arrière, à la disposition du commandement.

---

(1) Cette appellation contient les anciennes désignations de « soutiens » ou « renforts » qu'il n'est pas nécessaire de particulariser.

(2) Le mot *couverture* s'emploie plutôt pour les actions du commencement des hostilités, précédant l'arrivée des gros; la couverture devient *sûreté* lorsque le système des forces est organisé au complet et que chaque grande unité garde elle-même ses *gros* dans sa zone propre.

Avant-postes se dit plutôt d'un dispositif de sûreté pris par de l'infanterie sur un terrain qui, tout en constituant par lui-même une *position,* n'a pas encore été organisé méthodiquement (par exemple en fin de combat ou avant la prise de contact).

Dans le cas de la stabilisation, la correspondance suivante est généralement adoptée entre les divisions du front et les unités normalement affectées à leur défense :

Secteur.....................	Division.
Sous-secteur................	Régiment.
Quartier....................	Bataillon.
Sous-quartier...............	Compagnie.

58. Le tir est dit *de front, d'écharpe, de flanc* ou *de revers*, selon la direction de la ligne de tir par rapport à la direction de la progression de l'ennemi ou par rapport à celle de la ligne qu'il occupe, quelle que soit d'ailleurs sa formation d'attaque ou de défense.

Le tir est *d'enfilade* lorsqu'il est dirigé dans le sens de la plus grande dimension d'un objectif. Un tel tir est en même temps *de front, d'écharpe, de flanc* ou *de revers*, suivant la façon dont se présente l'objectif.

Le tir d'enfilade est celui qui procure les meilleurs résultats matériels, lorsqu'il est exécuté avec des armes à grand rendement, tirant avec une trajectoire assez tendue pour que la zone rasée soit considérable.

Les tirs de flanc et de revers démoralisent l'adversaire, même s'ils ne sont pas très meurtriers.

On entend par feux de flanquement des feux exécutés par une unité pour interdire le front ou un flanc d'une unité voisine ou d'un élément de cette unité elle-même. Suivant la direction d'attaque de l'agresseur, ces feux peuvent le frapper de front, d'écharpe, de flanc ou même à revers.

59. Dans les exercices de combat, l'ennemi est dit *supposé*, lorsque sa direction, sa force et sa position sont indiquées par une simple hypothèse; il est *figuré* lorsqu'on n'emploie pour simuler le parti ennemi qu'un petit nombre d'hommes; il est *représenté* lorsque l'on fait agir l'un contre l'autre deux partis avec leur force effective.

Une manœuvre est *à simple action* lorsque la conduite de l'ennemi a été réglée par les instructions détaillées du directeur de l'exercice, dans un but précis d'instruction. C'est le cas le plus général. Le chef de la troupe reçoit un *thème de manœuvre* rédigé sous forme d'ordre d'attaque ou de plan de défense et contenant tous les renseignements sur la situation qu'un tel document comporterait dans la réalité.

Une manœuvre est *à double action* lorsque les chefs des partis ont toute liberté d'action, dans les limites du thème différent que chacun d'eux a reçu.

Nota. — Outre les définitions qui précèdent, il y a lieu de connaître et d'utiliser avec le même sens précis qu'elles possèdent celles qui figurent dans le Règlement sur la pratique du tir et dans l'Instruction sur l'organisation du terrain.

CHAPITRE IX.

COMPOSITION DU RÉGIMENT.

FRACTIONNEMENT.

60. Le régiment est la réunion de plusieurs bataillons numérotés 1, 2, etc. Il comprend, en outre, une *compagnie hors rang*.

Le *bataillon* se compose d'un groupe de commandement, de trois compagnies ordinaires, d'une compagnie de mitrailleuses et d'une section d'engins d'accompagnement (1). Les compagnies ordinaires sont numérotées en une série unique dans le régiment en exceptant les n°s 4, 8, 12. Les compagnies de mitrailleuses et les sections d'engins portent le numéro de leur bataillon.

La *compagnie* est fractionnée sur le pied de guerre en quatre *sections de combat* numérotées de 1 à 4 et une *section de commandement*. Sur le pied de paix, il est constitué le nombre de sections correspondant à l'effectif de la compagnie, sous réserve que chaque section ait le nombre de groupes de combat indiqué plus loin.

Chaque *section* comprend trois *groupes de combat* dans la compagnie ordinaire et deux *groupes de mitrailleuses* dans la compagnie de mitrailleuses. Les groupes sont numérotés en une série unique dans la compagnie.

Le groupe de combat comprend une *équipe* (2) *de fusiliers-mitrailleurs* et une *équipe* (2) *de grenadiers-voltigeurs* (termes courants : fusiliers et voltigeurs). Elles portent le numéro de leur groupe. Leur composition et leur armement sont donnés dans le tableau suivant :

COMPOSITION DU GROUPE.		ARMEMENT.
Un sous-officier chef de groupe		Fusil.
Une équipe de fusiliers mitrailleurs.	1 caporal chef d'équipe	Mousqueton.
	1 tireur	F. M. et pistolet.
	1 premier-pourvoyeur	Pistolet.
	3 aides-pourvoyeurs	Mousqueton (3).
Une équipe de grenadiers voltigeurs.	1 caporal chef d'équipe	Fusil.
	1 grenadier-lanceur	Mousqueton et pistolet.
	1 grenadier V. B.	Fusil.
	3 voltigeurs	Fusil.

Cet effectif de base peut être dépassé à l'instruction. Il peut n'être pas atteint à l'instruction et au combat. Dans le

(1) Projet à l'étude.
(2) Remplace l'escouade.
(3) Dotation à réaliser progressivement.

premier cas, le chef de groupe renforce d'abord le nombre des pourvoyeurs, qui peut être porté à 6 (1). Dans le deuxième cas, le chef de groupe assure d'abord le service de l'arme automatique avec un minimum de 2 pourvoyeurs; le reste forme l'équipe des voltigeurs.

Dans tous les exercices, les unités sont désignées par leur numéro dans l'ordre constitutif ou par le nom de leur chef.

COMMANDEMENT, ORGANISATION.

61. Sur le pied de guerre, le Colonel est assisté d'un Lieutenant-Colonel ou d'un Officier supérieur adjoint et d'un état-major de régiment. Sur le pied de paix, le régiment compte deux Lieutenants-Colonels.

Le Chef de bataillon est assisté d'un adjudant-major (ou d'un officier adjoint) et d'un adjudant de bataillon.

Dans la compagnie, les sections sont commandées par des Lieutenants, des Sous-Lieutenants, des Adjudants-Chefs ou des Adjudants. Lorsque la compagnie est mise sur le pied de guerre, le nombre des sections est porté à 4 et leur commandement est ainsi assuré :

Celui de la 1re et de la 4e section par les lieutenants ou sous-lieutenants de l'active; celui de la 2e section par un officier de réserve; celui de la 3e section par un adjudant, ou par un officier de réserve, lorsqu'il y en a deux.

A défaut d'officiers et d'adjudants, le commandement des sections est donné à des sous-officiers pourvus du brevet de chef de section ou à des sergents-majors en excédent.

Les groupes sont commandés par des sous-officiers. S'il y a des sous-officiers en excédent, le capitaine les emploie selon les besoins.

Les équipes sont commandées par des caporaux.

En l'absence de son chef, une subdivision est commandée par le plus élevé en grade ou par le plus ancien dans le grade immédiatement inférieur; dans l'équipe, le caporal est remplacé par son *suppléant désigné*, qui est soit un soldat de première classe, soit un soldat d'élite de l'équipe, désigné d'avance par le capitaine.

62. *Groupes de commandement.* Il est prévu pour le régiment et pour chaque bataillon un *groupe de commandement*, pour chaque compagnie une *section de commandement*.

---

(1) Ces pourvoyeurs supplémentaires restent armés et équipés en voltigeurs.

Le groupe de commandement du régiment fait partie de la compagnie hors rang.

Le groupe de commandement du bataillon est placé sous les ordres de l'adjudant de bataillon.

La section de commandement de la compagnie est placée sous les ordres du sergent-major. Lorsque la compagnie est engagée, cette section se divise en deux groupes : le *groupe du Capitaine*, placé sous les ordres d'un sous-officier ou du caporal-fourrier, le *groupe du train de combat*, avec lequel le capitaine laisse habituellement le sergent-major.

La composition de ces différents groupes est fixée par les tableaux d'effectifs de guerre et par l'*Instruction sur les liaisons et transmissions*.

En temps de paix, lorsque les groupes sont constitués pour la manœuvre, les gradés et les hommes nécessaires sont prélevés sur l'effectif des compagnies et sections.

Les groupes de commandement ne sont pas rassemblés pour les revues. Dans tous les autres cas, ils sont constitués, soit au complet, soit réduits, selon les besoins de l'exercice exécuté.

63. Les bataillons, les compagnies et les groupes sont égalisés autant que possible, au moment de l'incorporation. Un nouvel aménagement est fait, s'il y a lieu, à l'époque où sont désignés les spécialistes et les employés. Les hommes ne sont plus changés de groupe, ensuite, que lorsque les besoins du service l'exigent.

Le régiment à 2 bataillons, le bataillon à 2 compagnies ordinaires, la compagnie à 2 ou à 3 sections, la section à 2 groupes, manœuvrent d'après les mêmes principes que les unités du même ordre aux effectifs complets.

Tout ce qui concerne la composition et l'organisation des compagnies de mitrailleuses est réuni dans un Règlement particulier.

TITRE II.

ÉCOLE DU SOLDAT.

CHAPITRE I.

GÉNÉRALITÉS.

64. L'Ecole du Soldat est une instruction individuelle technique qui doit être donnée indistinctement à tous les fantassins du service armé. Elle commence, concurremment avec les éléments du service en campagne, dès l'arrivée du contingent; elle est continuée pour tous les hommes de recrue par l'Ecole du Groupe.

Elle ne contient pas l'instruction particulière que doivent recevoir ensuite les combattants d'élite de la compagnie et les divers spécialistes du bataillon et du régiment. Ces matières complémentaires sont contenues :

pour les tireurs d'élite, dans le *Règlement sur la pratique du tir dans les compagnies d'infanterie* (1);

pour les grenadiers d'élite dans l'*Instruction sur l'Entraînement physique du combattant;*

pour les mitrailleurs, dans le *Règlement sur les unités de mitrailleuses d'infanterie* (1);

pour les spécialistes, dans les Règlements ou Instructions particulières.

L'instruction du soldat au combat fait partie des exercices de combat, objet de la deuxième partie du Règlement.

65. L'instruction individuelle constitue la base de l'instruction de la troupe. C'est le procédé d'éducation militaire le plus efficace et le plus fécond, à condition de lui conserver, en toutes circonstances, le caractère d'une école de précision et d'énergie.

Une instruction collective succédant à une bonne instruction individuelle se fait très rapidement.

Le soldat se ressentirait toujours de fâcheuses habitudes contractées au début; il faut donc rechercher dès les pre-

---

(1) En préparation.

mières semaines toute la correction qu'on veut finalement obtenir; l'expérience prouve qu'une instruction trop précipitée reste toujours médiocre, même si elle peut être reprise plus tard.

CHAPITRE II.

ÉDUCATION PHYSIQUE (1).

66. L'éducation physique des recrues a pour but :

1° De développer d'une manière générale leur valeur physique et d'en faire des soldats résistants;

2° De développer en outre les qualités particulières nécessaires au maniement des divers engins.

Les qualités nécessaires à tous les soldats sont obtenues puis entretenues par l'*entraînement physique général*.

Les qualités particulières nécessaires à certaines catégories de combattants (fusiliers, mitrailleurs, servants du canon de 37, etc...) sont obtenues par les *entraînements spéciaux*.

Dans son ensemble, l'entraînement comprend :

1° Des leçons d'éducation physique;

2° Des jeux d'équipe et des sports;

3° Des séances d'applications militaires : marches, terrassements, lancement de la grenade, combat à la baïonnette, exercices d'attaque en terrain varié et en terrain de combat, entraînements spéciaux.

Principes d'éducation physique.

67. L'éducation physique est conduite d'après les principes suivants :

1° *Connaître la valeur physique des sujets et former pour l'entraînement des groupes homogènes.*

A cet effet, les jeunes soldats sont soumis, dès leur arrivée au corps, à un examen médical, puis à un examen physique.

L'examen médical révèle les recrues *à ménager* et fournit les indications qui permettront par la suite à l'instructeur de doser l'entraînement.

L'examen physique comporte huit épreuves-types subies individuellement. D'après leurs performances, les jeunes sol-

(1) Voir le *Règlement général d'Education physique* et l'*Instruction sur l'Entraînement physique du combattant.*

dats sont répartis en trois groupes : *forts*, *moyens* et *faibles*. Selon leur état, les hommes classés *à ménager* sont, soit joints au groupe des faibles, dont ils suivent les exercices sous certaines restrictions, soit envoyés dans un centre de rééducation militaire.

2° *Choisir les exercices convenant à chaque groupe* d'après sa valeur physique, son état d'entraînement et le but à atteindre.

3° *Rendre le travail attrayant* par l'émulation, le choix et la variété des exercices, la pratique des jeux et des sports, etc...

68. L'entraînement physique, commencé dès l'arrivée des recrues, est continué toute l'année. Il varie en intensité, suivant qu'il s'agit d'accroître la valeur physique ou seulement de maintenir l'entraînement acquis. Toutefois, les exercices sont toujours exécutés en recherchant un progrès : meilleur style, vitesse plus grande, efforts plus intenses, etc...

La recherche méthodique de l'effort, ainsi que l'exécution d'exercices pénibles et violents, développent la volonté et l'énergie.

Les résultats obtenus sont contrôlés tous les deux mois par des examens semblables à l'examen médical et physique passé à l'incorporation.

Ce contrôle a pour but de tenir les instructeurs et les sujets eux-mêmes au courant de leur évolution. Suivant les progrès marqués dans les performances ou les dépressions constatées par le médecin, les hommes passent d'un groupe dans un autre; l'intensité du travail pendant la période suivante est réglée en tenant compte des résultats d'ensemble déjà obtenus.

Les observations faites par le médecin, les mensurations prises, et les performances réalisées lors de chaque examen sont notées sur des fiches individuelles ouvertes lors de l'incorporation et accompagnant les hommes dans toutes leurs mutations.

Composition et exécution des séances d'entraînement.

69. L'entraînement physique général comporte des séances d'étude, des séances de leçon complète, des séances de perfectionnement, des exercices de natation, des grands jeux et des sports.

Les séances de travail, quelles qu'elles soient, sont conduites d'après les mêmes principes.

Toute séance commence par une *mise en train* et se termine par un *retour au calme*, suivi autant que possible d'ablutions et de séchage du corps.

Mise en train. — La mise en train se compose d'exercices modérés d'énergie croissante : exercices d'ordre, marches, assouplissements des bras, des jambes et du tronc, simples d'abord, combinés ou dissymétriques ensuite, assouplissement de la cage thoracique.

Elle est plus ou moins longue, plus ou moins vive, selon la durée de la leçon et l'état de l'atmosphère. Les assouplissements sont exécutés individuellement, d'une façon continue, avec toute l'amplitude possible.

Pendant toute cette partie du travail, l'instructeur prend sa troupe en main, corrige les mauvaises attitudes, veille au redressement des courbures exagérées de la colonne vertébrale, à la fixation des épaules et au jeu de la cage thoracique.

Retour au calme. — Le retour au calme se compose d'exercices d'énergie décroissante : exercices de marche, marche lente avec exercices respiratoires, marche avec chant ou sifflet, exercices d'ordre. La marche lente se prolonge jusqu'à ce que le calme soit rétabli dans la respiration et la circulation. La marche avec chant et sifflet est employée comme marche de contrôle. L'instructeur l'interrompt pour reprendre les exercices respiratoires, s'il constate que l'essoufflement persiste.

Exercices d'ordre. — La plus grande correction est exigée dans l'exécution des exercices d'ordre qui commencent et terminent toute séance. Dans le cours du travail, au contraire, l'instructeur réduira au minimum l'emploi de ces exercices de discipline pour ne pas enlever à la séance son caractère de continuité et de détente.

Leçon. — La leçon proprement dite comprend une suite d'exercices choisis dans chacune des sept familles d'applications ayant une utilité pratique en campagne :

1° Marcher, 2° grimper-escalader, 3° sauter, 4° lever-porter, 5° courir, 6° lancer, 7° attaquer-se défendre.

La leçon ainsi composée active toutes les grandes fonctions et intéresse toutes les parties du corps.

Elle doit être *continue*, *alternée*, *graduée* et *attrayante*.

Elle est continue quand elle n'est coupée par aucun autre repos que le changement d'exercices ou les exercices respiratoires.

Elle est alternée quand les exercices intéressent alternativement la partie supérieure et la partie inférieure du corps.

Elle est graduée en intensité quand les efforts exigés par les exercices vont en croissant jusqu'au milieu de la leçon et en diminuant ensuite.

Elle est graduée par rapport aux leçons précédentes quand, dans le cours de l'instruction, elle comprend des exercices de plus en plus difficiles.

Elle est attrayante quand les exercices de chaque famille sont fréquemment variés, et quand les jeux y sont introduits pour réveiller l'intérêt.

70. Leçon complète. — La *leçon complète* comporte la mise en train, la leçon proprement dite et le retour au calme.

Chacune de ces trois parties comprend un certain nombre d'exercices classés dans les tableaux du règlement spécial par ordre de difficulté croissante. Les jeux sont classés en deux séries d'après leurs effets.

Pour composer la mise en train, l'instructeur choisit dans les tableaux d'éléments un exercice de marche, puis, trois assouplissements combinés et dissymétriques intéressant les bras, les jambes et le tronc; il termine par un assouplissement de la cage thoracique.

Pour composer la leçon proprement dite, l'instructeur choisit dans chacune des sept familles d'applications, soit un exercice éducatif, soit une ou deux applications, suivant le régime de la leçon. Il les fait exécuter *individuellement* dans l'ordre indiqué au nº 69.

Il a soin de ne pas prolonger certains exercices au détriment des autres. Il fait exercer successivement les parties gauches et droites du corps, particulièrement dans le lever-porter et dans le lancer, Il enseigne à conduire la respiration, selon chaque exercice et prescrit des exercices respiratoires chaque fois que le besoin s'en fait sentir. Il intercale dans le courant de la leçon deux petits jeux, un de chaque série.

Pour composer le retour au calme, l'instructeur choisit deux ou trois exercices de marche, dont la marche lente avec exercices respiratoires; il contrôle la respiration par une marche avec chant ou sifflet, et termine par un exercice d'ordre.

Régime de la leçon. — Le régime de la leçon est la proportion d'exercices éducatifs, d'exercices d'application et de jeux entrant dans sa composition.

Le régime d'une leçon de faibles comporte trois exercices éducatifs, quatre applications et deux jeux.

Le régime d'une leçon de moyens comporte une application de chaque famille et deux jeux.

Le régime d'une leçon de forts comporte, par famille, deux ou trois applications, que l'instructeur réunit dans l'ordre imposé par le terrain à parcourir plutôt que dans l'ordre indiqué au n° 69. La leçon de forts ne comporte pas de jeux.

71. Séances d'étude et de perfectionnement. — Les séances d'étude sont des leçons partielles ayant pour but d'apprendre sans hâte des mouvements nouveaux ou de rectifier des exercices mal exécutés. Les séances de perfectionnement conviennent aux forts et visent particulièrement l'amélioration du style dans les différentes applications.

Pour composer ces séances partielles, l'instructeur combine le même nombre d'exercices intéressant la partie supérieure et la partie inférieure du corps et tient compte des qualités générales que doit présenter toute leçon (n° 69).

Natation. — La natation fait l'objet de séances particulières au cours desquelles les non nageurs sont instruits; les nageurs sont perfectionnés par l'étude des diverses nages, par des parcours d'une certaine étendue, par la traversée de cours d'eau, par des exercices de nage et de sauvetage étant habillé.

Grands jeux. — Les grands jeux sont l'objet de séances spéciales; l'instructeur les emploie une ou deux fois par semaine, en remplacement de la leçon, soit comme récompense, soit comme dérivatif. Dans le choix des jeux, il tient compte des préférences de ses hommes.

Les grands jeux sont pratiqués par les groupes de faibles et de moyens. Les moyens sont initiés en outre aux jeux sportifs.

Sports. — Les jeux sportifs et les sports font l'objet de séances particulières réservées au groupe des forts. Dans ces séances, les hommes sont poussés à atteindre des résultats aussi élevés que possible et pratiquent des exercices réservés à une élite, tels que les jeux sportifs et la gymnastique athlétique aux agrès.

Des équipes sélectionnées sur l'ensemble du corps peuvent être entraînées par spécialité deux ou trois fois par semaine, en vue des concours interrégimentaires.

Concours. — Des concours sportifs individuels et d'équipes sont organisés au moins une fois par an dans chaque corps, dans chaque région et dans l'ensemble de l'Armée. Ne peuvent y être admis que les hommes ayant fait preuve de qualités athlétiques complètes.

Ces concours contribuent à entretenir une saine émulation dans la pratique des exercices physiques.

CHAPITRE III.

MOUVEMENTS SANS ARME.

Position du soldat sans arme.

72. Les talons joints sur la même ligne, les pieds un peu moins ouverts que l'équerre et également tournés en dehors, les genoux tendus, le corps d'aplomb sur les hanches et légèrement penché en avant, les épaules effacées, les bras pendant naturellement, la main ouverte et légèrement tournée en dehors, les doigts joints, le petit doigt un peu en arrière de la couture du pantalon, la tête haute et droite sans être gênée, les yeux fixés droit devant soi.

73. Repos.

Détendre la jambe gauche et le corps, le talon droit restant en place. Observer le silence sans être tenu de garder l'immobilité.

74. Garde a vous.

Prendre la position du soldat sans arme en rapportant vivement le talon gauche contre le droit et en redressant franchement la tête.

Salut.

75. Porter la main droite ouverte au côté droit de la coiffure, la main dans le prolongement de l'avant-bras, les doigts étendus et joints, le pouce réuni aux autres doigts, la paume en avant, le bras sensiblement horizontal et dans l'alignement des épaules.

L'attitude du salut est prise d'un geste vif et décidé, en levant la tête, en tendant les jarrets et en regardant la personne que l'on salue; le salut terminé, la main droite est vivement renvoyée dans le rang.

A droite. A gauche.

76. *A droite (gauche).*

Droite (Gauche).

Tourner sur le talon gauche d'un quart de cercle à droite (gauche), en élevant un peu la pointe du pied gauche et le pied droit; rapporter ensuite le talon droit à côté du gauche et sur la même ligne.

Demi à droite. Demi à gauche.

77. *Demi à droite (gauche),*

Droite (Gauche)

Exécuter le mouvement comme celui de *à droite (gauche)*, ne tourner que d'un demi-quart de cercle.

Demi-tour à droite.

78. *Demi-tour,*

Droite.

Faire un demi à droite sur le talon gauche et placer le pied droit en équerre, le milieu du pied vis-à-vis et à environ 10 centimètres du talon gauche.

Tourner ensuite sur les deux talons en élevant un peu la pointe des pieds, les jarrets tendus; faire face en arrière et rapporter ensuite le talon droit à côté du gauche.

Pas cadencé et pas de route.

79. La longueur du pas cadencé est de 75 centimètres et sa cadence est de 120 pas à la minute.

Le pas de route n'a ni longueur ni cadence réglementaires.

80. Les allures précipitées sont très fatigantes pour l'infanterie. En outre, dès que la rapidité de la cadence s'accroît au delà d'une certaine limite, le pas se raccourcit.

L'augmentation de la vitesse doit donc être recherchée par l'allongement du pas et non par l'accélération de la cadence.

La cadence de 120 pas à la minute est celle qui convient à la moyenne du contingent : *il est interdit de la dépasser.* Avec cette cadence, la longueur de 75 centimètres pour le pas constitue un minimum; une troupe bien dressée arrive aisément à faire le pas de 80 centimètres sur route ou en terrain facile au pas sans cadence (1).

L'attitude a une influence sensible sur la fatigue de la marche. Les instructeurs s'attachent à l'observation des prescriptions suivantes qui s'appliquent au pas cadencé comme au pas sans cadence :

Pencher légèrement le corps en avant pour faciliter la progression;

Poser le pied naturellement, le talon le premier;

Ne pas raidir la jambe au moment où le pied pose à terre; éviter de frapper le sol avec le pied pour ne pas raccourcir le pas;

S'efforcer de diminuer l'amplitude des oscillations du corps et des bras et, en général, de tous les mouvements qui, avec le chargement complet, sont une cause de fatigue.

Maintenir la tête droite, la poitrine saillante, pour favoriser la respiration.

Le pas ne doit pas être exécuté en décomposant.

81. *En avant,*

MARCHE.

Porter le pied gauche en avant, le poser, le talon le premier, à 75 centimètres du pied droit qui se lève, tout le poids du corps portant sur le pied qui pose à terre. Porter ensuite la jambe droite en avant; poser le pied droit à la même distance et de la même manière qu'il vient d'être expliqué pour le pied gauche, et continuer de marcher ainsi en laissant aux bras un léger mouvement d'oscillation, la tête restant toujours dans la position directe.

82. *Section,*

HALTE.

Poser à terre le pied qui est levé, à 75 centimètres en avant, et rapporter celui qui est en arrière à côté de l'autre.

---

(1) Une troupe faisant le pas de 80 centimètres et marchant à la cadence de 120 pas à la minute parcourt sans fatigue 4.800 mètres en 50 minutes.

Pour avoir la même vitesse avec le pas de 75 centimètres, il faut faire 128 pas à la minute, ce qui constitue une cadence excessive, ne pouvant être soutenue longtemps par une troupe.

83. *En arrière,*

MARCHE.

Reculer en partant du pied gauche par de petits pas jusqu'au commandement *Section*, HALTE.

Pas gymnastique.

84. La longueur du pas gymnastique est de 90 centimètres; sa vitesse habituelle est de 180 pas par minute pour des hommes non chargés.

Avec l'arme et le chargement d'exercice, la longueur du pas est de 80 centimètres; sa vitesse, de 170 pas.

Le pas gymnastique n'est exécuté qu'exceptionnellement avec le chargement de campagne, et pour des distances très courtes.

85. *Pas gymnastique,*

MARCHE.

Au commandement *Pas gymnastique*, incliner légèrement le corps en avant, les poings en avant des hanches et fermés, les coudes très peu en arrière, la tête inclinée dans le prolongement du buste. Saisir, s'il y a lieu, le fourreau de la baïonnette vers son milieu avec la main gauche, et ramener la pointe légèrement en avant.

Au commandement MARCHE, porter la jambe gauche en avant, le genou légèrement fléchi, le pied rasant le sol, poser le pied gauche à 90 centimètres du droit, le genou restant fléchi. Faire ensuite avec la jambe droite ce qui vient d'être prescrit pour la jambe gauche, et continuer ainsi, en laissant aux bras un mouvement d'oscillation naturelle, en évitant la raideur et les saccades.

86. *Section,*

HALTE.

Au commandement *Section*, redresser le haut du corps et ralentir progressivement l'allure.

Au commandement HALTE, poser à terre le pied qui est levé, rapporter celui qui est en arrière à côté de l'autre et laisser tomber les mains dans le rang.

87. *Pas cadencé,*

MARCHE.

Reprendre la marche au pas cadencé.

88. *Pas de course.*

MARCHE.

Appliquer les principes du pas gymnastique en donnant toute la vitesse possible.

Pencher le corps au départ, le redresser dès les premiers pas, le tronc restant droit pendant la course.

Fléchir la jambe qui est en avant, d'autant plus que l'allure est plus rapide.

Donner de la jambe arrière une impulsion aussi vigoureuse que possible.

Pencher le corps en arrière pour s'arrêter au commandement *Section*, HALTE, ou lorsque le but fixé est atteint.

Marquer et changer le pas.

89. *Marquez le pas,*

MARCHE.

Marquer simplement la cadence du pas en soulevant légèrement et alternativement l'un et l'autre pied.

Au commandement *En avant*, MARCHE, reprendre la marche.

90. *Changez le pas,*

MARCHE.

Au pas cadencé, rapprocher le pied qui est en arrière de celui qui vient de poser à terre et repartir de ce dernier pied.

Au pas gymnastique, faire deux pas successifs du même pied.

Demi-tour à droite en marchant.

91. *Demi-tour à droite,*

MARCHE.

Au pas cadencé, au commandement MARCHE, qui est fait à l'instant où le pied droit pose à terre, placer le pied gauche à sa distance, faire face en arrière en tournant sur ce pied, rapporter le pied droit à côté du gauche et repartir du pied gauche dans la nouvelle direction.

Au pas gymnastique, faire face en arrière en exécutant sur place quatre petits pas.

92. *Arrêter demi-tour à droite,*

HALTE.

Au commandement HALTE, qui est fait à l'instant où le pied droit pose à terre, placer le pied gauche à sa distance, faire demi-tour en tournant sur ce pied, et rapporter le pied droit sur l'alignement du gauche.

A droite et à gauche en marchant.

93. *A droite (gauche),*

MARCHE.

Au commandement MARCHE, qui est fait à l'instant où le pied droit (gauche) pose à terre, placer le pied gauche (droit) à sa distance, tourner le corps en portant le pied droit (gauche) dans la nouvelle direction et continuer la marche.

CHAPITRE IV.

MOUVEMENTS AVEC L'ARME.

1° FUSIL ET MOUSQUETON.

Les mouvements sont décrits pour le fusil 1916 (1). Ils s'exécutent de même avec le fusil 86-93 (2) et le mousqueton si aucune indication particulière n'est donnée.

---

(1) Terme courant pour désigner le fusil M[le] 1907-1915-M-1916.

(2) Terme courant pour désigner le fusil M[le] 1886-M-93.

Position de l'arme au pied.

94. Le canon en arrière, le fût entre le pouce et les deux premiers doigts de la main droite, les autres doigts allongés, le bras allongé naturellement, le talon de la crosse contre la pointe du pied droit, l'arme d'aplomb.

95. Repos.

Se mettre au repos comme il est dit au nº 73. Maintenir l'arme à volonté avec la main droite, la crosse à terre.

Présenter et reposer l'arme.

96. Le soldat étant dans la position de l'arme au pied présente l'arme au commandement :

Présentez,

Arme.

1º Élever l'arme verticalement avec la main droite le coude joint au corps, la saisir avec la main gauche au-dessus et contre la boîte de protection (1), le pouce allongé dans l'évidement du fût, et continuer de l'élever avec cette main qui s'arrête à hauteur de l'épaule, pendant que la main droite se place sur le plat de la crosse, le bec entre les deux premiers doigts, les autres sous la crosse.

2º Lever le coude gauche, l'avant-bras horizontal, en continuant à maintenir l'arme entre le pouce et la base de l'index, les doigts, sauf le pouce, allongés et joints horizontalement dans le prolongement de l'avant-bras; en même temps, redresser légèrement la tête d'un mouvement vif et décidé.

97. *Reposez,*

Arme.

Au commandement préparatoire, laisser tomber le

(1) *Fusil 86-93* : Saisir l'arme avec la main gauche entre la hausse et la boîte de culasse.

coude gauche contre la poitrine et replacer la tête dans la position normale.

1° Abandonner la crosse de la main droite, descendre l'arme avec la main gauche le long et près du corps, la saisir au-dessus de la grenadière avec la main droite qui vient ensuite s'appuyer à la hanche, et renvoyer vivement la main gauche dans le rang.

2° Poser la crosse à terre sans frapper et prendre la position de l'arme au pied.

Mettre l'arme sur l'épaule.

98. Le soldat étant dans la position de l'arme au pied, met l'arme sur l'épaule droite au commandement :

L'arme sur l'épaule,

DROITE.

1° Exécuter le premier mouvement de *Présentez l'arme;*

2° Placer l'arme sur l'épaule droite, le pontet en dessus, en la faisant glisser dans la main gauche qui se place contre le battant de crosse, les doigts joints, la crête du chien prenant appui sur l'épaule, le canon perpendiculaire à la ligne des épaules;

3° Renvoyer vivement la main gauche dans le rang.

99. Le soldat présentant l'arme met l'arme sur l'épaule par le même commandement qu'au n° 98.

Au premier commandement, préparer le mouvement comme au n° 97.

Au commandement DROITE, exécuter ce qui est prescrit au n° 98, 2° et 3°.

100. Le soldat ayant l'arme sur l'épaule droite présente l'arme au commandement :

Présentez,

ARME.

1° Redresser l'arme verticalement en allongeant vivement le bras droit, la saisir en même temps avec la main gauche entre la hausse et la boîte de protection (1), et prendre la position du n° 96, 1°;

2° Comme au n° 96.

101. Le soldat ayant l'arme sur l'épaule droite repose l'arme au commandement :

Reposez,

ARME.

1° Exécuter le premier mouvement du n° 100;

2° et 3° Reposer l'arme comme il est dit au n° 97.

L'arme à la bretelle.

102. L'ARME A LA BRETELLE.

Suspendre l'arme par la bretelle à l'épaule droite en lui laissant prendre vers l'arrière une inclinaison naturelle, la maintenir contre la hanche avec le coude droit abattu, la main droite saisissant la bretelle à hauteur du téton droit.

103. La position de l'arme à la bretelle s'emploie dans la marche sans cadence; elle peut remplacer pendant la traversée des localités le port de l'arme sur l'épaule, dans la marche au pas cadencé. Pendant les marches au pas de route, le soldat peut modifier la position de la main droite ou suspendre l'arme à l'épaule gauche.

Baïonnette au canon.

104. *Baïonnette,*

(au can) ON.

Incliner l'arme avec la main droite de manière à amener le bout du canon vis-à-vis et à environ 10 centimètres du milieu de la poitrine; saisir avec la main gauche renversée la poignée de la baïonnette.

Tirer la baïonnette de la main gauche, la fixer au bout du canon en appuyant sur la croisière avec le pouce. Reprendre la position de l'arme au pied.

---

(1) Fusil 86-93 : entre la hausse et la boîte de culasse.

Remettre la baïonnette.

105. *Remettez,*

(la baïonn) ETTE.

Incliner l'arme avec la main droite de manière à amener le bout du canon vis-à-vis et à environ 10 centimètres du milieu de la poitrine, glisser cette main au-dessous et près de l'embouchoir; saisir en même temps, avec la main gauche, la poignée de la baïonnette et le canon, le pouce sur le poussoir; appuyer sur le poussoir, enlever la baïonnette, la renverser à droite, la pointe en bas, descendre la croisière contre la main droite qui saisit la lame entre les deux premiers doigts allongés, les deux derniers maintenant l'arme; retourner la main gauche sans quitter la poignée, fixer les yeux sur l'entrée du fourreau, mettre la baïonnette dans le fourreau en la dirigeant avec le coude et reprendre la position de l'arme au pied.

106. La baïonnette est mise au canon et remise au fourreau en marchant, en se conformant autant que possible aux prescriptions qui précèdent.

Exécuter avec le fusil les mouvements du chapitre III.

107. Dans les mouvements exécutés l'arme au pied, le soldat soulève l'arme en plaçant la main droite à la hanche à la dernière syllabe du commandement préparatoire. Le mouvement terminé, le soldat repose la crosse à terre.

108. Pour marcher au pas cadencé ou au pas gymnastique, faire mettre en principe l'arme sur l'épaule ou à la bretelle avant de commander *En avant*.

Si le Chef n'a fait aucun commandement préalable, le soldat met de lui-même l'arme sur l'épaule en partant : il exécute un mouvement du n° 98 sur chacun des trois premiers pas.

109. Pour arrêter, si l'on veut que le soldat conserve l'arme sur l'épaule, faire précéder le commandement préparatoire de l'indication : *l'arme sur l'épaule*. A défaut de cette indication, le soldat s'arrête, puis remet l'arme au pied.

110. Au cours des exercices, la position de l'arme à la bretelle se conserve toujours en s'arrêtant. S'il veut qu'il en soit autrement, le Chef commande : L'ARME AU PIED :

Le soldat tend la bretelle et prend la position indiquée au n° 94.

Au cours des marches sur route, le soldat met de lui-même l'arme au pied au coup de sifflet qui commande l'arrêt.

2° FUSIL-MITRAILLEUR.

Position de l'arme au pied.

111. Le manchon-guide en arrière, entre le pouce et les deux premiers doigts de la main droite, les autres doigts allongés, le bras allongé naturellement, le talon de la crosse contre la pointe du pied droit, l'arme d'aplomb.

112. REPOS.

Exécuter ce qui est prescrit au n° 95.

113. L'ARME A LA BRETELLE.

Suspendre l'arme par la bretelle à l'épaule droite et la maintenir verticale avec la main droite placée au-dessous et contre la poignée pistolet, le pouce sur le manchon-guide, les deux premiers doigts allongés sur la flasque gauche de la monture, les autres doigts enserrant la poignée.

La position du F. M. à la bretelle, avec la main basse et le manchon-guide vertical, correspond au port du fusil et du mousqueton sur l'épaule au pas cadencé.

Exécuter avec le F. M. les mouvements du chapitre III.

114. La position de l'arme au pied est prise lorsque la troupe se rassemble, forme ou rompt les faisceaux.

Dans les mouvements où le voltigeur met l'arme à la hanche, le fusilier-tireur soulève très légèrement l'arme avec la main droite.

A tout commandement qui a pour effet de faire mettre au voltigeur l'arme sur l'épaule ou à la bretelle, le fusilier-tireur met l'arme à la bretelle.

Le fusilier-tireur ayant mis l'arme à la bretelle la conserve ainsi lorsque la troupe s'arrête ou exécute du maniement d'arme, à moins que le chef n'en ordonne autrement par le commandement :

FUSILIERS L'ARME AU PIED.

Le commandement est fait après que les voltigeurs ont remis l'arme au pied.

115. Dans la marche sans cadence et au pas gymnastique, le tireur peut modifier la position de la main droite et porter l'arme légèrement inclinée.

Au pas de route, le tireur peut, en outre, suspendre l'arme à l'épaule gauche, la porter en bandoulière ou la placer à plat sur l'une ou l'autre épaule, en la maintenant par le manchon-guide. En dehors du combat, le bout du canon est toujours tenu en l'air; au combat, il est dirigé en l'air ou horizontalement vers l'avant.

CHAPITRE V.

LE FUSIL ET LE MOUSQUETON.

ARTICLE Ier.

POSITIONS FONDAMENTALES DU TIREUR.

116. On enseigne d'abord au soldat les trois positions fondamentales du tireur, debout, à genou ou couché.

Après avoir montré et fait prendre plusieurs fois ces trois positions, l'instructeur autorise chaque homme à y apporter les modifications de détail nécessitées par sa conformation particulière. Il enseigne que le but à atteindre est de s'assurer le maximum de stabilité et d'aisance avec le minimum de raideur.

Plus tard, il montre que les positions qui conviennent pour le tir doivent encore être modifiées lorsque le soldat doit s'abriter et appuyer son arme dans les conditions les plus diverses. On arrive ainsi à apprendre à l'homme à tirer assis, à deux genoux, etc.

Pour enseigner les positions fondamentales, l'instructeur indique toujours le point éloigné auquel l'homme doit faire face, puis il lui prescrit de prendre la position par les mouvements les plus naturels. Il fait remarquer que dans les trois positions du tireur, la ligne des pieds et des hanches est oblique par rapport à la direction de l'objectif, tandis que la tête reste tournée dans cette direction.

Position du tireur debout.

117. Les jambes écartées, la pointe du pied gauche placée dans la direction de l'objectif, le pied droit à environ un demi-pas à droite et à 20 à 30 centimètres en arrière du pied gauche, suivant la taille de l'homme, la pointe du pied un peu rentrée et formant avec le talon gauche une ligne à peu près perpendiculaire à la direction du tir, le haut du corps d'aplomb sur les hanches, la tête directe.

L'arme dans les deux mains, le bout du canon à hauteur de l'épaule droite, la crosse maintenue entre le corps et l'avant-bras droit, la main droite tenant l'arme à la poignée, le pouce en travers, le coude gauche joint au corps, la main gauche passée entre l'arme et la bretelle, le pouce allongé dans l'évidement de gauche du fût, l'extrémité des autres doigts dans l'évidement de droite.

Position du tireur à genou.

118. La pointe du pied gauche placée dans la direction de l'objectif, le genou droit à terre, la jambe droite faisant un angle d'environ 45° avec le pied gauche, la pointe du pied droit entre 30 et 50 centimètres environ en arrière du talon gauche, suivant la taille de l'homme, le soldat assis sur le talon droit levé.

L'arme dans les deux mains, le bout du canon à hauteur de l'épaule droite, la crosse maintenue entre le corps et l'avant-bras droit, la main droite tenant l'arme à la poignée, le pouce en travers, l'avant-bras gauche appuyé sur la cuisse gauche, la main gauche passée entre l'arme et la bretelle, le pouce dans l'évidement de gauche du fût, l'extrémité des autres doigts dans l'évidement de droite, la tête directe.

Position du tireur couché.

119. Le tireur couché sur le ventre, le corps placé légèrement en oblique par rapport à la direction de

l'objectif, les jambes allongées, le fusil soutenu par la main gauche passée entre l'arme et la bretelle, le pouce allongé dans l'évidement de gauche du fût, l'extrémité des autres doigts dans l'évidement de droite, l'avant-bras gauche reposant sur le sol, la main droite tenant l'arme à la poignée, le pouce en travers.

ARTICLE II.

APPROVISIONNER, DÉSAPPROVISIONNER, CHARGER, DÉCHARGER.

120. Les termes approvisionner, désapprovisionner, charger et décharger ont la même signification avec les différents modèles d'armes en service.

Approvisionner, c'est placer un chargeur ou remplir le magasin.

Désapprovisionner, c'est enlever le chargeur ou vider le magasin.

Une arme qui a un chargeur en place est dite approvisionnée quel que soit le nombre de cartouches qu'il contient.

Charger, c'est faire passer dans la chambre une cartouche qui était dans le chargeur ou le magasin, ou encore introduire à la main une cartouche libre dans la chambre.

Décharger, c'est extraire cette cartouche et la remettre dans la cartouchière.

Approvisionner.

121. *Fusil 1916 — Mousqueton 1916* (1).

Saisir le levier entre le pouce et le premier doigt ployé de la main droite, les autres doigts fermés, tourner le levier de droite à gauche et le ramener vivement en arrière, prendre un chargeur dans la cartouchière, le placer de champ dans l'échancrure sur la planche d'élévateur, l'enfoncer avec le pouce de la main droite jusqu'à ce qu'on entende l'encliquetage du crochet de chargeur sur le talon; saisir le levier avec la main droite comme il a été dit, glisser la main gauche sous la boîte de protection; appuyer

---

(1) Terme courant pour désigner le mousqueton M^le 1892-M-1916.

avec les doigts de la main gauche sur la cartouche supérieure du chargeur de manière à pouvoir faire passer la tête mobile sur son bourrelet, replacer la main gauche à sa première position, pousser franchement la culasse en avant et rabattre complètement le levier à droite.

Désarmer : à cet effet, saisir l'arme à la poignée avec la main droite, placer le pouce en travers sur le chien, agir sur la détente et conduire avec précaution le chien à l'abattu en le retenant avec le pouce; saisir la poignée à pleine main.

122. *Fusil 86-93 :*

Ramener le bouton quadrillé à sa position arrière avec le pouce de la main droite. Saisir le levier entre le pouce et le premier doigt ployé de la main droite, les autres doigts fermés, tourner le levier de droite à gauche et le ramener vivement en arrière, découvrir l'entrée du magasin en abaissant la partie antérieure de l'auget avec l'index. Saisir une cartouche, la placer dans l'échancrure la balle en avant, l'introduire dans le magasin et lui faire dépasser l'arrêt de cartouche en la poussant avec le pouce ou l'index; prendre une autre cartouche et continuer, ainsi qu'il vient d'être prescrit, jusqu'à ce que le magasin contienne huit cartouches. Ramener le bouton quadrillé à sa position avant, saisir le levier avec la main droite, comme il a été dit, pousser franchement la culasse en avant et rabattre complètement le levier à droite, désarmer et saisir la poignée à pleine main.

Désapprovisionner,

123. *Fusil 1916 — Mousqueton 1916 :*

Ouvrir la culasse, glisser la main gauche sous la boîte de protection, les doigts allongés et joints vis-à-vis de l'échancrure. Agir ensuite, avec le pouce de la main droite, sur le poussoir du crochet de chargeur, prendre avec la main droite le chargeur repoussé par l'élévateur et le replacer dans la cartouchière, saisir le levier avec la main droite, replacer la main gauche à sa première position, fermer la culasse, désarmer, saisir la poignée à pleine main.

124. *Fusil 86-93 :*

Ramener le bouton quadrillé à sa position arrière, ouvrir la culasse en la ramenant vivement en arrière, la pousser ensuite en avant pour introduire la cartouche dans le canon, et rabattre complètement le levier à droite. Glisser la main gauche sous la boîte de culasse les doigts allongés et joints vis-à-vis de l'échancrure pour empêcher la cartouche de tomber; ouvrir doucement la culasse, saisir la cartouche et la mettre dans la cartouchière, pousser légèrement la culasse en avant et la ramener vivement en arrière pour relever l'auget; fermer la culasse pour introduire la nouvelle cartouche dans le canon et continuer, ainsi qu'il vient d'être dit, jusqu'à ce qu'il ne reste plus de cartouches dans le magasin, s'assurer que celui-ci est vide en regardant à l'intérieur de la boîte de culasse pour vérifier si le collet de piston apparaît à la sortie du tube-arrêt; ramener le bouton quadrillé à sa position avant et replacer la main gauche à sa première position.

Fermer la culasse, désarmer et saisir la poignée à pleine main (1).

Charger.

125. *Fusil 1916 — Mousqueton 1916 :*

Si l'arme est approvisionnée : ouvrir la culasse et la ramener vivement en arrière, fermer la culasse, ouvrir le couvercle de la boîte de protection; saisir l'arme à la poignée avec la main droite, le premier doigt allongé le long du pontet.

Si l'arme n'est pas approvisionnée : ouvrir la culasse et la ramener vivement en arrière, placer un chargeur dans son logement, puis fermer la culasse, ouvrir le couvercle de la boîte de protection; saisir l'arme à la poignée avec la main droite, le premier doigt allongé le long du pontet.

Pour utiliser des cartouches libres : ouvrir la culasse, saisir une cartouche et la placer dans l'échancrure sur la planche d'élévateur, fermer la culasse et achever le mouvement comme précédemment, sans ouvrir la boîte de protection.

126. *Fusil 86-93 :*

Si l'arme est approvisionnée : ramener le bouton quadrillé à sa position arrière, ouvrir la culasse et la ramener vivement en arrière, fermer la culasse; saisir l'arme à la poignée avec la main droite, le premier doigt allongé le long du pontet.

Si l'arme n'est pas approvisionnée : ouvrir la culasse et la ramener vivement en arrière, saisir une cartouche et la placer dans l'échancrure; fermer la culasse; saisir l'arme à la poignée avec la main droite, le premier doigt allongé le long du pontet.

---

(1) Quand il sera possible de recueillir les cartouches sur un endroit propre (table, couverture, toile de tente, etc.) on pourra désapprovisionner sans placer la main gauche devant l'échancrure, en manœuvrant la culasse et en laissant tomber les cartouches librement. Il sera bon, dans ce cas, de rapprocher l'arme de l'endroit choisi et de l'incliner pour que les cartouches soient projetées de haut en bas.

Décharger.

127. *Fusil 1916 — Mousqueton 1916 :*

Glisser la main gauche sous la boîte de protection les doigts allongés et joints vis-à-vis de l'échancrure de la boîte de culasse pour empêcher la cartouche de tomber, ouvrir la culasse, saisir la cartouche et la placer dans la cartouchière.

Si l'arme est approvisionnée : appuyer avec les doigts de la main gauche sur la cartouche supérieure du chargeur de manière à faire passer la tête mobile sur son bourrelet, replacer la main gauche à sa première position.

Fermer la culasse, fermer s'il y a lieu le couvercle de la boîte de protection, désarmer et saisir la poignée à pleine main.

Si l'arme n'est pas approvisionnée, fermer la culasse et terminer le mouvement comme il vient d'être expliqué.

128. *Fusil 86-93 :*

Glisser la main gauche sous la boîte de culasse les doigts allongés et joints vis-à-vis de l'échancrure pour empêcher la cartouche de tomber; ouvrir la culasse, saisir la cartouche et la mettre dans la cartouchière.

Si l'arme est approvisionnée, repousser dans le magasin la cartouche qui est dans l'auget, recompléter l'approvisionnement du magasin et ramener le bouton quadrillé à sa position avant; replacer la main gauche à sa première position; fermer la culasse, désarmer, saisir la poignée à pleine main.

Si l'arme n'est pas approvisionnée, fermer la culasse et terminer le mouvement comme il vient d'être expliqué.

Les mouvements d'approvisionner, désapprovisionner, charger, décharger, s'exécutent dans toutes les positions, de pied ferme et en marchant.

ARTICLE III.

EXÉCUTION DU FEU.

129. Il n'existe qu'un genre de feu, c'est le feu à volonté; il s'exécute normalement à l'initiative du tireur.

130. A l'instruction ou dans le cas particulier du tir collectif, il s'exécute à l'aide des commandements suivants :

Feu à volonté,

Hausse (tant),

Sur (tel point),

COMMENCEZ LE FEU.

Au commandement *Feu à volonté*, charger l'arme (1);

Au commandement *Hausse (tant)*, disposer la hausse pour la distance indiquée;

Au commandement *Sur (tel point)*, regarder l'objectif qui ne doit plus être perdu de vue;

Au commandement COMMENCEZ LE FEU, placer l'arme à l'épaule en avançant légèrement cette dernière, mettre en joue, amener doucement la seconde bossette de la détente contre le dessous de la boîte de culasse, retenir la respiration et faire partir le coup en fermant le doigt d'un mouvement continu et sans saccade lorsque la ligne de mire passe par le point visé.

Reprendre immédiatement la position de la charge, ouvrir la culasse et la ramener vivement en arrière pour éjecter l'étui (2), recharger en fermant la culasse et continuer de tirer sans quitter le but des yeux, en visant avec soin et en rechargeant avec toute la rapidité possible.

Fusil 1916 — Mousqueton 1916 :

Lorsque le chargeur est épuisé, replacer un chargeur avant de refermer la culasse, puis continuer à tirer dans les mêmes conditions.

Fusil 86-93 :

Lorsque le magasin est épuisé ramener le bouton quadrillé à sa position avant et continuer à tirer en chargeant coup par coup.

---

(1) *Fusil 86-93* : Lorsque les circonstances ne nécessitent pas un tir rapide, le feu à volonté peut être exécuté avec des cartouches libres afin de conserver le magasin approvisionné.

Pour cela, le chef ajoute au commandement *Feu à volonté*, l'indication : *Coup par coup*.

(2) *Fusil 86-93* : et relever l'auget.

Cesser le feu.

Au commandement CESSEZ LE FEU,

131. *Fusil 1916 — Mousqueton 1916 :*

Ouvrir la culasse, si elle ne l'est déjà, pour décharger ou éjecter l'étui selon le cas.

Si l'arme est approvisionnée : agir avec les doigts de la main gauche sur la cartouche supérieure, faire passer la tête mobile sur le bourrelet, fermer la culasse, désarmer, replacer la hausse.

Si l'arme n'est pas approvisionnée ou si le chargeur est épuisé : approvisionner si on dispose de chargeurs, fermer la culasse, désarmer, replacer la hausse.

132. *Fusil 86-93 :*

Ouvrir la culasse, si elle ne l'est déjà, pour décharger ou éjecter l'étui, selon le cas.

Si l'arme est approvisionnée : abaisser l'auget avec l'index de la main droite, repousser dans le magasin la cartouche qu'il contient et compléter l'approvisionnement du magasin, ramener le bouton quadrillé à sa position avant, fermer la culasse, désarmer, replacer la hausse.

Si le magasin est épuisé : approvisionner, ramener le bouton quadrillé à sa position avant, fermer la culasse, désarmer, replacer la hausse.

Dans le cas du tir coup par coup : fermer la culasse, désarmer, replacer la hausse.

Inspection des armes.

133. L'inspection des armes et des cartouchières est de rigueur avant et après tout exercice comportant l'emploi de cartouches. Elle est toujours passée avant de quitter le terrain.

Au commandement INSPECTION DES ARMES,

Fusil 1916 :

Prendre la position du tireur debout.

Le chef inspecte successivement chaque arme et s'assure qu'il n'y a ni chargeur dans l'arme, ni corps étranger dans le canon ou dans la chambre.

Au moment où le chef arrive à sa hauteur, chaque soldat manœuvre rapidement la culasse deux fois de suite; après l'inspection, il ferme la culasse, désarme et place l'arme au pied.

Fusil 86-93 :

Prendre la position du tireur debout, ramener le bouton quadrillé à sa position arrière et saisir l'arme à la poignée.

Le chef inspecte successivement chaque arme et s'assure qu'il ne reste ni cartouches dans le magasin, en vérifiant que le collet du piston apparaît à la sortie du tube-arrêt, ni corps étranger dans le canon ou dans la chambre.

Au moment où le chef arrive à sa hauteur, chaque soldat manœuvre rapidement la culasse deux fois de suite; après l'inspection, il ramène le bouton quadrillé à sa position avant, ferme la culasse, désarme et place l'arme au pied.

CHAPITRE VI.

PISTOLET ET REVOLVER.

ARTICLE Ier.

POSITIONS DU TIREUR.

134. Le revolver et le pistolet se tirent généralement dans la position debout, à bras franc avec une ou deux mains.

Ils se tirent également dans les positions variées que le tireur est amené à prendre au combat.

Pour tirer debout, se placer d'aplomb sur les jambes écartées, le pied gauche en arrière et un peu à gauche du talon droit, l'épaule gauche effacée, l'épaule droite en avant.

L'arme est maintenue dans la main droite qui serre fortement la crosse le plus haut possible, la deuxième phalange du premier doigt de la main droite en avant de la détente, le bras droit allongé ou légèrement ployé, à la convenance du tireur.

Pour tirer avec les deux mains, faire face en avant, les jambes écartées, le corps d'aplomb, la main droite serrant fortement la crosse, la main gauche placée sur la main droite, les deux bras demi-tendus.

ARTICLE II.

CHARGER. — DÉCHARGER.

Charger.

135. *Revolver 1892* :

Tenir le revolver dans la main gauche, le canon tourné vers le sol; ouvrir la porte; rabattre le barillet à droite hors de sa cage et introduire les cartouches dans les chambres du barillet.

Remettre le barillet en place, *fermer la porte.*

Pour mettre l'arme à la sûreté, ouvrir la porte.

136. *Pistolet de 7mm,65 genre « Ruby » :*

Tenir l'arme dans la main droite, le canon tourné vers le sol; abaisser s'il y a lieu, avec le pouce gauche, le levier de sûreté de manière à masquer la lettre « S » (Safe, Sûreté).

Introduire, avec la main gauche, un chargeur dans la poignée en le poussant à fond, jusqu'à encliquetage avec le crochet d'arrêt.

Saisir, entre le pouce et l'index de la main gauche, le bloc de culasse par la partie striée et le tirer complètement en arrière.

Abandonner le bloc qui revient en avant sous l'action de son ressort en introduisant une cartouche dans le canon.

L'arme est prête à faire feu.

Pour mettre l'arme à la sûreté, relever le levier de sûreté de manière à masquer la lettre « F » (Fire, Feu) et à rendre visible la lettre « S » (Safe, Sûreté).

137. *Pistolet de 7mm,65 genre « Star » :*

Tenir l'arme dans la main droite le canon tourné vers le sol.

Introduire avec la main gauche un chargeur dans la poignée en le poussant à fond jusqu'à encliquetage.

Saisir, entre le pouce et l'index de la main gauche, le bloc de culasse par les boutons quadrillés et le tirer complètement en arrière.

Abandonner le bloc qui revient en avant sous l'action de son ressort en introduisant une cartouche dans le canon.

Relever, s'il y a lieu, le levier de sûreté, jusqu'à ce qu'il soit en contact avec sa butée supérieure.

L'arme est prête à faire feu.

Pour mettre l'arme à la sûreté, abaisser complètement le levier de sûreté et désarmer le chien.

Pour remettre en état de faire feu l'arme disposée à la sûreté, armer le chien avec le pouce gauche et rabattre en avant le levier de sûreté.

Décharger.

138. *Revolver 1892 :*

Tenir le revolver dans la main gauche, ouvrir la porte, rabattre le barillet à droite hors de sa cage, pousser avec la main droite sur le poussoir d'extracteur et recevoir les cartouches extraites dans la main gauche. Remettre le barillet en place, fermer la porte et désarmer en appuyant sur la détente et en conduisant le chien à l'abattu avec le pouce de la main droite.

139. *Pistolet de 7mm,65 genre « Ruby » :*

Tenir l'arme dans la main droite, agir avec le pouce de la main gauche sur la partie striée du crochet d'arrêt en le poussant en arrière pour dégager le chargeur; retirer le chargeur, puis manœuvrer plusieurs fois de suite la culasse à la main comme il est prescrit au n° 136 pour extraire la cartouche qui pourrait se trouver dans la chambre (*précaution essentielle pour éviter les accidents*).

Désarmer en appuyant sur la détente.

140. *Pistolet de 7mm,65 genre « Star » :*

Tenir l'arme à plat dans la main droite, agir avec le pouce gauche sur le poussoir du crochet de chargeur pour dégager le chargeur, retirer ce dernier, manœuvrer plusieurs fois de suite la culasse à la main comme il est prescrit au n° 137 pour extraire la cartouche qui pourrait se trouver dans la chambre (*précaution essentielle pour éviter les accidents*).

Désarmer en appuyant sur la détente et en conduisant le chien à l'abattu avec le pouce de la main droite.

ARTICLE III.

EXÉCUTION DU TIR.

141. Les tirs réels sont exécutés, au combat, à l'initiative du tireur; à l'instruction, à l'aide des commandements suivants :

Au commandement CHARGEZ REVOLVER (PISTOLET) :

Prendre la position du tireur et exécuter ce qui est prescrit aux nos 135 à 137.

142. Au commandement HAUT REVOLVER (PISTOLET) :

Saisir l'arme à la poignée avec la main droite (*Revolver 1892*), et la porter à hauteur et à dix centimètres en avant de l'épaule droite, le bout du canon en l'air, le pontet en avant, l'index allongé le long du pontet.

143. *Revolver 1892 :*

Au commandement *Tir intermittent*, COMMENCEZ LE FEU :

Armer le chien avec le pouce de la main droite.

Abattre l'arme, prendre la ligne de mire et agir sur la détente au moment où la ligne de mire passe par le point visé.

Abandonner la détente en redressant l'arme, armer à nouveau le chien et continuer à tirer dans les mêmes conditions jusqu'à épuisement des cartouches du barillet ou jusqu'au commandement CESSEZ LE FEU.

Si le commandement COMMENCEZ LE FEU est précédé de celui de *Tir continu* :

Abattre l'arme en faisant l'action du doigt sur la détente, prendre la ligne de mire, et, au moment où elle passe par le point visé, faire partir le coup.

Abandonner la détente, repointer l'arme et continuer à tirer jusqu'à épuisement des cartouches du barillet ou jusqu'au commandement CESSEZ LE FEU.

144. *Pistolets de 7mm,65 :*

Au commandement COMMENCEZ LE FEU,

Abattre l'arme en prenant la ligne de mire et, au moment où la ligne de mire passe par le point visé, agir sur la détente pour faire partir le coup.

Abandonner la détente en ouvrant le doigt, repointer l'arme et continuer à tirer jusqu'à épuisement du chargeur ou jusqu'au commandement CESSEZ LE FEU.

145. Lorsque le barillet ou le chargeur est épuisé ou au commandement CESSEZ LE FEU, reprendre la position de HAUT REVOLVER (PISTOLET).

146. Au commandement DÉCHARGEZ REVOLVER (PISTOLET), exécuter ce qui est prescrit aux n°s 138 à 140.

Prescriptions pour l'exécution des tirs.

147. *Les tirs au revolver ou au pistolet ont toujours lieu en présence d'un officier.*

Avant chaque exercice préparatoire et avant chaque tir, les instructeurs s'assurent que les revolvers et pistolets ne sont pas chargés, qu'ils sont en parfait état et fonctionnent bien.

Après chaque tir, ils constatent qu'il ne reste aucune cartouche dans le barillet (revolver 1892) ou dans la chambre (pistolets automatiques). Les armes ne sont chargées que sur le pas de tir et au moment de tirer.

148. L'officier chargé du tir exige l'ordre le plus parfait devant les cibles. Il veille à ce que les armes entre les mains des tireurs soient toujours tenues le canon en l'air ou dirigées vers le but.

CHAPITRE VII.

LE FUSIL-MITRAILLEUR.

ARTICLE Ier.

POSITIONS DU TIREUR.

149. Le fusil-mitrailleur se tire de pied ferme et en marchant; dans le tir de pied ferme, la position habituelle est la position couchée.

Pour l'exécution du tir dans la position couchée :

Déplier la fourche et disposer le fusil à terre, dans la direction de l'objectif. Se placer à environ 1 m. 50 en arrière et à 75 centimètres à gauche de la crosse. Poser les deux genoux à terre et se coucher sur le ventre dans la direction de la crosse, les coudes servant d'appui, l'épaule droite en arrière et vis-à-vis de la crosse.

ARTICLE II.

APPROVISIONNER ET DÉSAPPROVISIONNER.

Approvisionner (1).

150. Etant dans la position couchée, enlever, s'il y a lieu, l'obturateur du logement du chargeur; à cet effet, agir avec le pouce de la main droite sur le crochet d'arrêt du chargeur et laisser tomber l'obturateur.

Saisir l'arme par le bec de la crosse avec la main gauche, le pouce à gauche, les autres doigts joints à droite, la mettre à plat en la faisant pivoter à gauche.

Armer en amenant le bouton de manœuvre à complète position arrière avec la main droite.

Saisir un chargeur garni dans la main droite, la partie convexe à droite, l'orifice de sortie des cartouches à l'arrière. Introduire obliquement la lame d'ar-

(1) Le F. M. est organisé de telle manière que l'introduction de la cartouche dans la chambre se fait automatiquement au cours de l'une des phases du fonctionnement, et est suivie immédiatement du départ du coup. Le tireur n'intervient donc pas directement dans le chargement de l'arme.

rêt du chargeur entre l'entretoise porte-fourche et l'entretoise porte-volet, pousser le chargeur à complète position avant, puis engager sa partie arrière à l'avant du crochet d'arrêt de chargeur sur lequel elle se met en prise.

Pousser l'obturateur du manchon-guide à sa position avant.

Remettre l'arme de champ, le bec de la crosse reposant dans la main gauche.

Mettre le mécanisme de détente à la sûreté en portant, avec le pouce ou l'index de la main droite, le levier de tir et de sûreté à sa position avant, en face du repère S.

Saisir l'arme à la poignée-pistolet avec la main droite, l'index allongé le long du pontet.

Désapprovisionner.

151. Etant dans la position couchée, saisir le chargeur avec la main droite, agir vers l'avant sur la manette du crochet d'arrêt du chargeur avec le pouce de la main gauche, et enlever le chargeur en le tirant vers le bas avec la main droite.

Replacer l'obturateur du logement du chargeur en opérant comme il est prescrit pour le placement du chargeur.

Placer l'obturateur du manchon-guide à sa position arrière en le tirant par les manettes.

Désarmer : à cet effet, disposer le levier de tir et de sûreté à la position arrière, en face du repère C, et agir sur la détente.

ARTICLE III.

EXÉCUTION DU TIR.

152. Le feu normal du fusil-mitrailleur est le feu en mitrailleuse qui s'exécute par rafales de 7 à 8 cartouches.

La rafale est interrompue aussitôt que le résultat cherché semble atteint, soit que l'ennemi se terre, soit qu'il ait été mis hors de combat.

Exceptionnellement, le fusil-mitrailleur peut être tiré coup par coup.

153. Tir en mitrailleuse.

Il s'exécute aux commandements

Feu par rafales.

Hausse (tant).

Sur (tel point).

COMMENCEZ LE FEU.

Au premier commandement, prendre la position de tir et approvisionner l'arme comme il est prescrit au n° 150, mais en amenant le levier de tir et de sûreté à la position verticale, en face du repère M.

Au commandement *Hausse (tant)*, disposer la hausse pour la distance indiquée.

Au commandement *Sur (tel point)*, regarder l'objectif et pointer l'arme :

A cet effet, soulever l'arme et la tirer à soi avec la main gauche de manière à placer la crosse dans le creux de l'épaule droite. Lever franchement la tête, placer la joue droite en avant de la bague-écrou de bouchon et prendre la ligne de mire en penchant le moins possible la tête à droite.

Au commandement COMMENCEZ LE FEU :

Placer la deuxième phalange de l'index de la main droite en avant et contre la détente, fermer lentement le doigt d'un mouvement continu et sans saccades et maintenir l'action du doigt sur la détente pour obtenir le départ successif du nombre de coups composant la rafale.

Abandonner la détente, repointer l'arme, puis agir de nouveau sur la détente et continuer ainsi qu'il vient d'être expliqué, jusqu'au commandement CESSEZ LE FEU, en remplaçant, s'il y a lieu, le chargeur épuisé par un chargeur garni.

A cet effet : Armer.

Enlever le chargeur vide et mettre en place un chargeur garni comme il est expliqué au n° 150, mais sans désarmer, et en laissant en place les obturateurs, le levier de tir et le levier de sûreté.

154. Tir coup par coup.

Aux commandements :

Feu coup par coup.

Hausse (tant).

Sur (tel point).

COMMENCEZ LE FEU.

Exécuter ce qui est prescrit pour le feu par rafales, mais en plaçant le levier de tir et de sûreté à la position arrière, en face du repère C.

Après le départ du premier coup, abandonner la détente, repointer, puis agir de nouveau sur la détente pour obtenir le départ du coup suivant et continuer ainsi, jusqu'au commandement CESSEZ LE FEU, en remplaçant, s'il y a lieu, le chargeur épuisé par un chargeur garni.

155. Le tir en mitrailleuse ou coup par coup est arrêté par le commandement :

CESSEZ LE FEU.

Cesser l'action du doigt sur la détente.

Disposer le levier de tir et de sûreté à la position avant, en face du repère S.

Fermer le couvre-fenêtre d'éjection : à cet effet, soulever le cliquet, le pousser légèrement en avant pour le dégager de son encoche, l'abandonner; pousser ensuite le couvre-fenêtre d'éjection à fond vers l'avant.

156. Pour reprendre le feu :

Mettre le levier de tir et de sûreté en face des repères C ou M, suivant le genre de tir à exécuter, et ouvrir le feu comme il est prescrit ci-dessus.

Si le commandement CESSEZ LE FEU est suivi de celui de DÉSAPPROVISIONNEZ :

Cesser l'action du doigt sur la détente, fermer le couvre-fenêtre d'éjection comme il vient d'être expliqué, exécuter ensuite ce qui est prescrit pour le mouvement de désapprovisionner, puis replacer la hausse.

ARTICLE IV.

INSPECTION DES ARMES.

157. L'inspection de l'arme, des chargeurs et de l'équipement du fusilier-mitrailleur est de rigueur avant et après tout tir réel ou à blanc. Elle est toujours passée avant de quitter le terrain.

Au commandement INSPECTION DES ARMES :

Prendre la position du tireur debout prescrite pour le tir au fusil.

Placer l'arme horizontalement, la crosse entre le corps et le bras droit, la main gauche à la poignée de maintien, la main droite à la poignée-pistolet.

Quand le chef, passant devant le rang, arrive à sa hauteur, le soldat arme, agit sur la détente, puis arme de nouveau; le chef examine le fusil-mitrailleur et fait les mêmes vérifications qu'au tir au fusil.

L'inspection passée, le soldat désarme et replace l'arme au pied.

CHAPITRE VIII.

LA GRENADE.

ARTICLE Ier.

LA GRENADE A MAIN.

158. 1° **Percuter la grenade** (grenade munie d'un bouchon allumeur à percussion) (1).

Saisir la grenade de la main droite, le capuchon tourné vers le bas, arracher le capuchon par rotation, frapper fortement le percuteur sur un corps dur.

Lancer *immédiatement* la grenade comme il est prescrit au n° 160.

Toute grenade percutée doit être lancée aussitôt après la percussion, même s'il y a apparence de raté.

159. 2° **Dégoupiller la grenade** (grenade munie d'un bouchon allumeur automatique (2).

(1) Grenade C. F., grenade incendiaire à main.

(2) Grenades F¹, O. F., suffocante automatique, incendiaire et fumigène.

Prendre la grenade dans la main droite et à pleine main, le bouchon vers le haut, l'anneau de goupille tourné vers la poitrine, le levier prenant appui sur la paume de la main fermée sans effort.

Saisir de la main gauche l'anneau d'arrachement, le tourner comme pour remonter une pendule et arracher la goupille.

Lancer la grenade comme il est prescrit au nº 160.

Toute grenade dégoupillée doit être lancée.

Lancer la grenade.

160. *Le tir de la grenade doit toujours être plongeant.*

1° **Lancer debout par balancé du corps sans élan.** — Saisir la grenade de la main droite. Fixer l'objectif, faire face à droite par rapport à la direction du lancement et écarter les pieds latéralement.

Incliner et tourner légèrement le corps à gauche en fléchissant la jambe gauche et en étendant la jambe droite.

Dans cette position, percuter ou dégoupiller la grenade.

Balancer le corps *d'avant en arrière* en fléchissant la jambe droite et en étendant la jambe gauche, le talon gauche levé, ou le pied détaché du sol, tout le poids du corps portant sur la jambe droite fléchie; en même temps, élever le bras gauche tendu dans la direction du but à atteindre et renverser vivement le bras droit allongé en le faisant passer par le plan de lancement, les yeux suivant le mouvement de la main droite, laquelle vient se placer plus ou moins en arrière du mollet droit, suivant le degré de flexion de la jambe droite.

Redresser *aussitôt et vivement* le corps par balancé *d'arrière en avant*, en abaissant le bras gauche et en relevant le bras droit tendu, les deux bras restant dans un plan voisin du plan vertical.

Laisser échapper la grenade, l'épaule droite venant à hauteur de l'épaule gauche, en chassant le bras gauche le long et en arrière de la cuisse gauche, et en élevant le talon ou le pied droit.

2° **Lancer dans la position à genou.** — Ecarter les pieds latéralement, faire face à droite, l'épaule gauche dans la direction de l'objectif.

Poser le genou gauche à terre sur l'emplacement du pied gauche et déplacer le pied droit en arrière.

Dans cette position, percuter ou dégoupiller la grenade.

Tendre le bras gauche dans la direction du but à atteindre,

incliner le tronc *d'avant en arrière* jusqu'au contact avec la cuisse droite, en soulevant plus ou moins le genou gauche, suivant la puissance à donner au lancer.

Lancer la grenade par un balancé *d'arrière en avant* en étendant la jambe droite, qui prend appui sur le pied droit. Dès que la grenade est lancée, s'aplatir sur le sol en se recevant sur les mains.

3° **Lancer dans la position couchée.** — Étant à plat ventre, soulever légèrement le corps au-dessus du sol en prenant appui sur les avant-bras ou les coudes et sur la pointe des pieds.

Fléchir la jambe gauche sans déplacer les avant-bras, ramener le genou gauche en avant, la cuisse perpendiculaire au corps, se coucher sur le côté gauche pour libérer le bras droit.

Dans cette position, percuter ou dégoupiller la grenade.

Exécuter ensuite un balancé du corps *d'avant en arrière* en se repoussant avec la main gauche et lancer la grenade comme il est indiqué dans la position à genou.

161. Les trois lancers qui précèdent doivent, comme les trois positions fondamentales du tireur au fusil, être enseignés à tous les soldats. L'instructeur autorise ceux-ci à les modifier, s'il y a lieu, en raison de leur conformation particulière, et leur enseigne en outre à les adapter aux positions très diverses que les grenadiers sont obligés de prendre derrière les obstacles qu'ils utilisent.

L'*Instruction sur l'entraînement physique du combattant* contient tous les détails nécessaires à la formation des grenadiers d'élite, ainsi que les modes spéciaux de lancement qui les intéressent seuls.

ARTICLE II.

LA GRENADE A FUSIL.

La grenade à fusil est lancée au moyen du fusil d'infanterie coiffé d'un tromblon.

Positions du tireur.

162. La position normale pour le tir de la grenade à fusil est la position du tireur à genou indiquée au n° 118, sauf en ce qui concerne l'arme dont la crosse est placée à terre, à gauche et contre le genou droit, en évitant, autant que possible, de la poser sur un sol dur et résistant.

Le tir peut également être exécuté debout, couché et même en marchant.

Exécution du tir.

163. Au commandement *Feu à volonté* :

Ouvrir la culasse, saisir une grenade à fusil dans la main droite, le culot vers le bas, glisser l'arme vers l'arrière avec la main gauche, de façon à amener le tromblon à portée de la main droite, introduire la grenade à fond dans le tromblon, revenir à la position initiale, charger l'arme et la saisir à la poignée, l'index allongé le long du pontet.

Au commandement *Sur (tel point)* :

Apprécier la distance, donner à l'arme l'inclinaison convenable et la diriger de façon que le plan de tir passe par l'objectif.

A l'instruction et au combat, lorsque les circonstances le permettent, l'inclinaison est donnée avec l'appareil de repérage mle 1917. Le grenadier instruit peut pointer l'arme sans cet appareil.

Au commandement COMMENCEZ LE FEU :

Faire partir le coup en agissant sur la détente, ouvrir la culasse, recharger le tromblon et l'arme ainsi qu'il vient d'être expliqué et continuer le tir jusqu'au commandement HALTE AU FEU ou CESSEZ LE FEU.

164. Au commandement HALTE AU FEU :

Arrêter le tir, mettre l'arme en état de tirer, si elle ne l'est déjà, et attendre un nouveau commandement, en conservant à l'arme l'inclinaison et la direction voulues.

165. Au commandement CESSEZ LE FEU :

Exécuter ce qui est prescrit aux nos 131 ou 132 en retirant, s'il y a lieu, la grenade du tromblon, après avoir ouvert la culasse.

166. Le tromblon est porté dans son étui. Il est fixé au bout du canon lorsque le feu est imminent; il en est retiré sur l'ordre du chef de groupe.

CHAPITRE IX.

LA BAIONNETTE.

167. Le combat à la baïonnette et corps à corps est enseigné à tous les combattants. Tous doivent être capables d'utiliser inopinément ce moyen d'attaque et de défense, de manière à n'être jamais surpris. Dans une telle lutte, il est facile de dominer l'adversaire par la rapidité de décision, par l'adresse, par une bonne connaissance des coups les plus efficaces, par la violence et la vitesse de l'exécution.

Le combat à la baïonnette peut être la dernière partie du combat rapproché. Il est précédé du tir jusqu'au dernier moment.

Le capitaine organise et fait donner des leçons d'entraînement en se conformant aux prescriptions de l'*Instruction sur l'entraînement physique du combattant.*

Les leçons collectives sont données aux classes d'instruction constituées pour l'Ecole du Soldat ou aux groupes rassemblés pour l'Ecole du groupe; pendant ce temps, un instructeur qualifié donne la leçon individuelle de la manière indiquée au n° 27.

CHAPITRE X.

L'OUTIL.

168. L'outil est aussi nécessaire dans les différentes phases du combat offensif que dans la défense du terrain. Le soldat doit avoir appris d'avance la pratique des outils qu'il peut être appelé à manier; il doit pouvoir organiser de lui-même un emplacement de combat lui permettant de faire un bon emploi de ses armes en union avec ses camarades; il doit en outre savoir participer utilement à l'exécution méthodique et rapide des gros terrassements.

Une troupe exercée et bien instruite doit être capable de s'enterrer complètement dans un délai ne dépassant pas une nuit.

C'est d'ailleurs pendant la nuit que sont exécutés en campagne la plupart des travaux d'organisation des unités en ligne : on doit en tenir un grand compte dans l'instruction.

La mise en œuvre individuelle ou collective des outils se fait d'après des règles techniques précises qui doublent facilement le rendement des travailleurs lorsqu'elles sont bien observées.

169. Emploi de l'outil individuel. — Pendant le combat, l'outil est porté au ceinturon. Le soldat l'utilise pour s'ouvrir des passages, pour aménager rapidement les abris naturels du sol, pour créer des abris individuels ou de petits abris collectifs permettant le tir des différents engins, enfin pour les camoufler.

Dès qu'une troupe s'arrête, son chef doit lui prescrire immédiatement le travail à effectuer, afin de lui procurer le maximum de protection et de sécurité dans le minimum de temps.

Pour travailler sous le feu, le soldat dépose son sac en avant de lui, de manière à s'en faire un couvert, le fusil à côté de son sac. Il se couche sur le côté gauche au point même où il doit travailler et creuse le sol avec l'outil tenu de la main droite ou à deux mains.

Les terres sont jetées en avant, en observant d'augmenter l'épaisseur du parapet en même temps que sa hauteur. Toutes les fois qu'il le peut, le soldat prend la position à genou et travaille avec les deux mains.

Le travail initial correspond à l'établissement d'éléments de tranchées pour tireur couché. Mais dès qu'il est réalisé, si le temps et les circonstances le permettent, il doit être continué de façon à obtenir progressivement la tranchée pour tireur à genou, puis la tranchée pour tireur debout.

170. **Exécution des travaux.** — L'instruction technique à donner au soldat comporte :

La dénomination des principaux outils d'infanterie et de parc et des travaux usuels qu'il peut avoir à exécuter : tranchées, boyaux ou parallèles, abris, galeries, traverses, créneaux, aménagements divers;

Les dimensions des hauteurs d'épaulement et celles des épaisseurs de masses couvrantes et de matériaux qu'il est utile de connaître pour se protéger efficacement;

L'exécution d'une tranchée normale ou d'une parallèle par des ateliers travaillant en ligne et en sape;

L'exécution d'un réseau de fil de fer et de quelques fascinages;

L'exécution de nuit des travaux précédents.

Toutes ces notions font partie de l'*Instruction sur l'organisation du terrain*. Elles sont enseignées sur le terrain des travaux de campagne dans des séances spéciales.

Elles sont ensuite appliquées en toute occasion au cours des exercices de combat, en faisant intervenir la configuration réelle du terrain et la situation tactique supposée. Il est rarement possible de pousser les travaux jusqu'à leur achèvement, mais on doit toujours interroger les gradés sur l'emplacement exact des travaux à effectuer et sur les dispositions à prendre pour assurer leur exécution. L'instructeur fait procéder, s'il y a lieu, au piquetage, au tracé et à la mise en chantier.

CHAPITRE XI.

LE MASQUE.

171. Les militaires de tous grades susceptibles de pénétrer dans une zone bombardée doivent savoir ajuster un masque, le mettre rapidement et le conserver pendant plusieurs heures.

ARTICLE 1er.

EMPLOI DE L'APPAREIL A. R. S.

(Appareil respiratoire spécial.)

172. *Position d'attente.* — Ouvrir la boîte, en extraire l'appareil par le ruban de suspension et se passer le ruban autour du cou et laisser l'appareil pendre sur la poitrine, les viseurs en avant.

Lorsque le moment de se protéger semble venu, détendre complètement la jugulaire du casque.

Position de protection. — Détendre la jugulaire du casque si cela n'est déjà fait; poser le casque et l'arme à terre ou les tenir serrés entre les jambes.

Si l'homme ne porte pas le havresac, il peut, au lieu de poser le casque à terre, le rejeter en arrière de la tête, maintenu par la jugulaire détendue.

Rejeter le ruban serre-nuque à l'extérieur du masque, prendre de chaque côté, avec la main correspondante, les deux élastiques, les doigts placés comme suit : le pouce en dessous, l'index recourbé en crochet, tenant la bride élastique qui doit être placée derrière la tête, le troisième doigt placé de la même façon sur celle qui doit venir sur le dessus de la tête.

Pencher la tête en arrière et introduire le menton dans le masque de façon à l'y engager le plus profondément possible; éviter que le bord du masque ne fasse un pli sous le cou.

Tendre fortement les élastiques et les passer en arrière; le premier élastique reste sur le haut de la tête, le second est appliqué en arrière en passant au-dessus des oreilles. Tirer le plus possible le second élastique vers le cou, de façon que le ruban qui longe le milieu du front et de la tête soit bien tendu.

Ramener le ruban serre-nuque derrière la tête et le fixer à son crochet.

Replacer le casque sur la tête et serrer la jugulaire sous le menton.

EMPLOI DU MASQUE M 2.

173. *Position d'attente.* — Comme pour l'appareil A. R. S., on peut également laisser le masque dans sa pochette en déboutonnant celle-ci et en passant autour du cou le ruban de suspension du masque et la banderole de la pochette.

Cette position est prise surtout par temps de pluie.

Position de protection. — Opérer comme pour l'appareil A. R. S. en ayant soin d'assurer la parfaite adhérence de tout le pourtour du masque sur le visage et sous le menton en moulant les bords avec les doigts, particulièrement à l'angle que fait le devant du masque avec les côtés; vérifier au toucher qu'en aucun point le bord n'est retourné en dedans.

La bonne application du masque nécessite une très forte tension du ruban médian vers l'arrière. La longueur de ce ruban sera réglée, s'il y a lieu, au moyen d'une épingle de sûreté; ce pli est fixé aussitôt que possible par quelques points de couture.

ARTICLE II.

ENTRETIEN DE L'APPAREIL A. R. S. ET DU MASQUE M 2

174. L'homme doit assurer le bon entretien de ses masques au même titre que celui de ses armes.

Quand ils ne sont pas utilisés, les masques sont toujours enfermés dans leur boîte métallique.

Il est interdit d'introduire dans la boîte d'autre objet que le masque et la pochette du masque M 2.

Appareil A. R. S. — Après un port prolongé, les parois intérieures de l'appareil sont très humides. Avant de remettre l'appareil dans sa boîte, essuyer l'intérieur du masque avec un chiffon ou un mouchoir.

On évitera avec soin de frotter les viseurs sur l'une ou l'autre face; ils sont, en effet, très fragiles et d'autant plus faciles à rayer que le masque vient d'être porté récemment.

S'ils sont souillés par la poussière ou la boue, on attendra qu'ils soient *secs* pour les nettoyer; on les frottera alors légèrement avec un linge bien propre *sans les mouiller*.

Tout viseur dont la vitre est fissurée ou percée est immédiatement remplacé.

La cartouche et les parties métalliques seront essuyées.

S'il y a lieu, on débouchera avec soin les trous de la face avant de la cartouche.

Les soupapes doivent fonctionner parfaitement : on s'en assure sans jamais chercher à y toucher, en portant l'appareil pendant quelques minutes, et en constatant qu'il ne se produit aucune gêne respiratoire anormale.

En campagne, cet essai doit être fait quotidiennement afin d'entretenir une légère humidité et d'éviter le collage des bords de la soupape d'expiration.

Si le protège-soupape est bouché, le retirer et le remettre en place après l'avoir nettoyé.

Masque M 2. — Après un emploi prolongé, faire sécher le masque à l'air avant la remise dans l'étui; *ne jamais le faire sécher au feu.*

Le masque doit être protégé de l'action de l'eau ou de l'humidité.

Le mouillage du masque avec quelque liquide que ce soit est interdit.

Les viseurs sont entretenus comme ceux de l'appareil A. R. S.

Eviter de déformer le masque; le plier avec soin avant de le replacer dans l'étui.

S'assurer que le couvercle de l'étui coulisse librement le long de la cordelette de suspension.

ARTICLE III.

ENTRAINEMENT AU PORT DES MASQUES.

175. Outre les séances destinées à apprendre à l'homme à mettre son masque rapidement, l'instruction doit comprendre :

1° Des exercices à l'air libre ayant pour but d'entraîner l'homme au port de plus en plus prolongé du masque, au cours des jeux, des marches, des exercices et des tirs. Il faut que l'homme s'habitue à la gêne légère qui résulte du port prolongé de l'appareil et apprenne à respirer posément, sans s'essouffler.

Ces exercices se font exclusivement avec le masque M 2.

2° Des passages dans la chambre à gaz, destinés à confirmer les hommes dans l'ajustage de leur masque, à leur en faire vérifier l'étanchéité et à leur donner confiance dans son efficacité. Les hommes doivent être dressés à changer de masque dans la chambre à gaz, en retenant leur respiration.

Le passage en atmosphère infectée est effectué avec l'appareil A. R. S.

CHAPITRE XII.

LA MITRAILLEUSE.

176. Les notions qui suivent sont suffisantes pour permettre à un soldat quelconque de mettre en action une mitrailleuse Hotchkiss privée de ses servants.

Au combat, aucune arme portative n'a une telle puissance de feu; il en résulte qu'aucune mitrailleuse ne doit rester inutilisée.

Tout gradé qui n'en est pas absolument empêché par l'accomplissement d'une mission particulière a le devoir formel de faire assurer le service d'une mitrailleuse abandonnée.

ARTICLE Ier.

DESCRIPTION SOMMAIRE DE LA MITRAILLEUSE.

177. La mitrailleuse Hotchkiss est une arme automatique à tir continu. Elle fonctionne par emprunt des gaz sur le parcours de la balle. Elle a une détente simple. La vitesse de tir est d'environ 450 coups par minute.

La mitrailleuse est alimentée au moyen de bandes métalliques contenant : soit 24 cartouches (bandes rigides), soit 251 cartouches (bandes articulées).

La mitrailleuse Hotchkiss se divise en quatre parties principales : le canon, qui porte le guidon; la boîte de culasse, sur laquelle est fixée la hausse; l'appareil moteur; le mécanisme de culasse et le mécanisme d'alimentation.

Sur la face gauche de la mitrailleuse sont le levier d'armement et le couloir d'alimentation, sur le plancher duquel on remarque les guides de bandes antérieur et postérieur; en dessous de la boîte de culasse est le pistolet, à l'intérieur duquel se trouve la détente.

L'affût Mle 1916 comprend le support pivotant et le trépied. Ces deux parties sont réunies d'une façon permanente sur un écrou fixé sur le pivot du trépied.

Le support pivotant reçoit, dans les encastrements de la fourche, les tourillons de la mitrailleuse qui y sont maintenus par des sus-bandes à tiroir; il porte les organes du mécanisme de pointage en hauteur (vis télescopique), et les organes de blocage dans les deux sens (boulon de blocage en hauteur, levier de blocage en direction).

L'affût-berceau se compose de deux lames en tôle, recourbées et réunies à leurs extrémités. Elles portent à l'avant une chape destinée à recevoir les tourillons de la mitrailleuse, et, à l'arrière, un anneau pour le passage de la broche d'attache.

Pour tirer sur affût-berceau, la mitrailleuse est, autant que possible, munie de la crosse amovible, permettant d'épauler.

ARTICLE II.

MISE EN ACTION DE LA MITRAILLEUSE.

178. *Si la mitrailleuse est en batterie*, sur l'affût ordinaire ou sur l'affût-berceau :

1° **Armer** ; tirer le levier d'armement à fond vers l'arrière; le repousser à fond vers l'avant.

2° **Engager la bande.**

Bande rigide.

Saisir la bande avec les deux mains, l'introduire dans le couloir d'alimentation, les cartouches en dessus, les balles en avant, la fin de la bande un peu plus haute que le commencement, les bords de la bande bien engagés sous les guides de bandes; pousser la bande franchement le plus possible, puis la retirer légèrement vers la gauche de l'arme.

Bande articulée :

Pousser la tirette à anneau dans le couloir d'alimentation; tirer sur l'anneau jusqu'à la butée de la première cartouche de la bande; retirer légèrement la bande vers la gauche de l'arme.

3° **Pointer.** Placer la hausse à la distance convenable en agissant sur la molette graduée; débloquer le support pivotant en plaçant le levier de blocage à la position avant; débloquer le mécanisme de pointage en hauteur en desserrant la douille du boulon de blocage en hauteur; pointer en direction, puis en hauteur, en agissant successivement sur la poignée du pistolet et sur le volant de pointage.

La ligne de mire de la mitrailleuse se prend comme celle du fusil.

4° **Tirer.** Agir franchement sur la détente avec l'index de la main droite et continuer l'action pendant toute la durée du tir; maintenir la ligne de mire sur l'objectif; rétablir, s'il y a lieu, le pointage en hauteur en manœuvrant le volant.

5° **Alimenter.** Dès qu'une bande (rigide ou articulée) est éjectée, engager une nouvelle bande, comme il est dit au paragraphe 2°.

179. *Si la mitrailleuse n'est pas placée en batterie* : la mettre sur son affût normal ou sur l'affût-berceau.

Pour placer la mitrailleuse sur l'affût normal : faire reposer les deux tourillons dans les encastrements de la fourche; fermer les sus-bandes en les poussant l'un vers l'autre; introduire l'anneau de la vis de pointage dans la chape d'attache sur la mitrailleuse; enfoncer la broche d'attache à fond vers la gauche.

Pour mettre la mitrailleuse sur l'affût-berceau : placer les tourillons dans la chape avant; engager l'anneau dans la chape d'attache de la mitrailleuse; enfoncer la broche d'attache à fond, vers la gauche.

180. La mitrailleuse peut être utilisée sans affût. Il suffit de l'appuyer sur un support quelconque en veillant attentivement à ce que le piston puisse toujours se déplacer librement.

181. Le service de la mitrailleuse peut être fait par un seul homme; il est plus facile lorsqu'il est assuré par deux hommes (un tireur et un chargeur).

Les moyens de remédier aux incidents de tir ne peuvent être enseignés à tous les soldats. En cas de non démarrage ou en cas d'arrêt du tir, le tireur improvisé manœuvre d'avant en arrière le levier d'armement.

TITRE III.

ÉCOLE DU GROUPE.

---

182. Le groupe est l'unité élémentaire d'instruction et de combat. Il comprend essentiellement une arme automatique à laquelle sont attachés, d'une part les hommes qui la servent et la ravitaillent, d'autre part ceux qui l'éclairent et la protègent.

Il est commandé par un sous-officier.

L'Ecole du groupe a pour but d'apprendre au soldat à combattre dans le groupe sous les ordres directs de son chef : chaque homme doit être instruit dans le rôle particulier qu'il aura à remplir en union avec ses *camarades de combat* et être en outre rendu capable de suppléer l'un quelconque d'entre eux.

L'instruction individuelle est liée à l'instruction du groupe et se poursuit au cours de celle-ci : l'effectif du groupe permet en effet à l'instructeur de suivre chaque soldat en particulier, de rectifier les fautes commises et d'en expliquer les conséquences.

183. L'Ecole du groupe comprend :

1° Des exercices d'ordre serré;

2° Des exercices d'assouplissement;

3° Des exercices de combat.

Les exercices d'ordre serré et d'assouplissement constituent une préparation technique de la troupe et font l'objet des chapitres II et III du présent titre.

Les exercices de combat font partie des *procédés d'instruction en vue du combat* (titre IV de la deuxième partie).

CHAPITRE PREMIER.

FORMATIONS, RASSEMBLEMENTS ET ALIGNEMENTS.

ARTICLE Ier.

FORMATIONS.

184. Le groupe se rassemble en ligne sur un ou deux rangs, ou en colonne par un ou par deux.

Il marche en colonne par un ou par deux, exceptionnellement en ligne.

Il combat dans des formations variées qui échappent à toute réglementation précise, les divers éléments qui le composent se groupant autour de l'arme automatique à distances et intervalles variables suivant le rôle que doit jouer chacun d'eux.

La formation de combat est étudiée dans la deuxième partie du Règlement.

Formation sur un rang.

185. Les hommes sont placés les uns à côté des autres, de manière que chacun d'eux ayant le bras gauche et la main allongés sur le côté, touche du bout des doigts l'épaule de son voisin de gauche (1).

Exceptionnellement, pour une revue, les hommes peuvent être placés les uns à côté des autres à 15 centimètres comptés de coude à coude.

A moins d'ordres contraires, l'équipe de fusiliers se place à la droite et se range ainsi, de la droite à la gauche : caporal chef d'équipe, Ier pourvoyeur, tireur, aides-pourvoyeurs.

L'équipe de voltigeurs se range ainsi : caporal chef d'équipe, grenadier-lanceur, voltigeurs, grenadier V. B.

---

(1) Les hommes ayant une longueur de bras sensiblement supérieure à la moyenne engagent plus ou moins la main sur l'épaule de leur voisin de gauche de manière à se trouver à l'intervalle voulu.

Formation sur deux rangs.

186. Les équipes sur un rang sont placées l'une derrière l'autre à un pas de distance, les caporaux chefs d'équipe à la droite de leur équipe.

A moins d'ordre contraire, l'équipe de fusiliers occupe le premier rang.

Formation en colonne par un.

187. Les hommes sont placés les uns derrière les autres, à un mètre de distance, les caporaux chefs d'équipe en tête de leur équipe.

A moins d'ordre contraire, l'équipe de fusiliers se place en tête du groupe.

Formation en colonne par deux.

188. Les équipes sont placées l'une à côté de l'autre, les caporaux en tête. L'intervalle entre les deux colonnes est celui obtenu par la ligne sur deux rangs qui a fait à droite (gauche).

A moins d'ordre contraire, l'équipe de fusiliers est à gauche et est équipe de base.

Formation par rang de taille.

189. Au début de l'instruction et dans toutes les circonstances où les hommes sont sans armes ou armés uniformément du fusil, le groupe est formé par rang de taille de la droite à la gauche, chaque équipe étant constituée par la moitié des hommes du groupe.

190. Dans toutes les formations, la place normale du chef de groupe est à six pas devant l'homme de base. En ligne, l'homme de base est pris en principe au centre; il peut être également désigné à droite ou à gauche. En colonne, l'un des chefs d'équipe sert d'homme de base.

Quand le groupe manœuvre dans la section, le chef de groupe se tient à la place qui lui est assignée à l'Ecole de section.

191. Quand l'équipe manœuvre isolée, sous le commandement de son chef, celui-ci prend la place indiquée pour le chef de groupe.

192. Dans toutes les formations du groupe, le tireur et le premier pourvoyeur sont toujours l'un à côté de l'autre ou l'un devant l'autre. Dans le groupe déployé, le premier pourvoyeur est obligatoirement à la droite du tireur.

ARTICLE II.

RASSEMBLEMENTS ET ALIGNEMENTS.

193. Le groupe se rassemble de pied ferme ou en marchant.

Pour rassembler le groupe en ligne de pied ferme, le chef de groupe fait face à la direction et commande :

RASSEMBLEMENT EN LIGNE SUR UN RANG (SUR DEUX RANGS).

Le groupe se porte rapidement vers son chef. L'homme du centre se place à six pas derrière le chef de groupe et ne bouge plus. Chaque soldat prend sa place normale, l'arme à la hanche.

Les hommes du premier rang étendent le bras gauche comme il a été dit au nº 185, tournent la tête et les yeux vers la base et s'alignent en se déplaçant par de petits pas, de manière que la ligne des yeux et celle des épaules se trouvent dans la direction de celles du voisin du côté de la base.

Les hommes du second rang couvrent rigoureusement à leur distance; ils conservent l'arme à la hanche, la tête directe et le bras gauche dans le rang.

194. Lorsque la base est établie, le chef de groupe se retourne pour vérifier que les hommes couvrent exactement, ou bien se déplace pour rectifier l'alignement. Quand il estime que le placement de sa troupe est satisfaisant, il commande :

FIXE.

Les hommes replacent la tête directe et renvoient vivement le bras gauche dans le rang, s'il y a lieu; ils reprennent la position de l'arme au pied et conservent l'immobilité.

195. Pour rassembler à l'intervalle de quinze centimètres au lieu de l'intervalle normal, le chef ajoute au commandement RASSEMBLEMENT l'indication :

COUDE A COUDE.

Les hommes du premier rang placent le point gauche sur le ceinturon au-dessus de la hanche, et touchent légèrement le

peu en arrière de l'alignement. Il se conforme ensuite à ce qui est prescrit pour les rassemblements.

FIXE.

Comme au n° 194.

200. Si le nouvel emplacement est en arrière du premier, le groupe exécute de petits pas en arrière jusqu'à ce qu'il se trouve un peu en arrière de l'alignement. Il achève le mouvement comme ci-dessus.

201. Le groupe en colonne est légèrement déplacé ou simplement remis en ordre par des moyens analogues. Le chef de groupe déplace, s'il y a lieu, le chef d'équipe de base et commande :

En colonne.

COUVREZ.

Au commandement préparatoire, soulever l'arme à la hanche.

Au commandement COUVREZ, chaque soldat se conforme à ce qui est prescrit pour les rassemblements en colonne et remet de lui-même l'arme au pied.

CHAPITRE II.

EXERCICES D'ORDRE SERRÉ.

ARTICLE UNIQUE.

202. Les exercices d'ordre serré ont pour but :

1° De donner à une troupe quelconque le moyen de se présenter et de se déplacer en bon ordre dans toutes les circonstances étrangères au combat;

2° De développer le sentiment de la discipline et de la cohésion par l'exécution en commun de quelques mouvements simples, exigés avec ensemble et précision.

Il est avantageux de faire exécuter ces mouvements par une troupe ayant un effectif supérieur au groupe. Il n'est pas fait de pauses entières d'ordre serré.

203. Le groupe manœuvre en ordre serré d'après les principes et par les moyens prescrits à l'Ecole de section.

Les mouvements lui sont d'abord enseignés en vue de leur exécution dans le cadre de la section. Par la suite, le chef en intercale quelques-uns dans les exercices d'assouplissement et de combat, chaque fois qu'il juge utile d'imposer des mouvements d'une précision plus rigoureuse. Il les arrête dès que l'effet qu'il en attend paraît obtenu.

CHAPITRE III.

EXERCICES D'ASSOUPLISSEMENT.

ARTICLE Ier.

GÉNÉRALITÉS.

204. Les exercices d'assouplissement ont pour but :

1° D'enseigner aux cadres subalternes et à la troupe le mécanisme des mouvements dont ils auront à faire usage dans les exercices de combat;

2° De développer la rapidité de décision chez les cadres et la rapidité d'exécution chez les hommes. Pour les premiers, il s'agit de voir vite ce qu'il faut faire et de l'ordonner sans hésitation; pour les seconds, d'exécuter rapidement, sans sacrifier ni l'ordre ni la cohésion.

205. Les exercices d'assouplissement s'exécutent l'arme à la bretelle ou à la main, sans cadence. Ils ont lieu sur la place d'exercice ou en terrain varié. Ils ne comportent pas d'hypothèse tactique.

Les commandements sont faits à la voix, au geste ou au sifflet ou par ces moyens combinés; *ils sont immédiatement exécutoires.*

206. Le chef de groupe se place à l'endroit où il juge sa présence utile.

En principe, il est le guide de sa troupe.

Il désigne *l'homme de base* en le nommant à haute voix, ou en se plaçant ostensiblement devant lui et en l'indiquant d'un geste.

Il fixe la distance à laquelle cet homme doit se tenir derrière lui. Cette distance est de six pas lorsque le groupe est rassemblé (N° 190) ou lorsqu'il n'a été donné aucune indication contraire. Elle doit toujours être suffisante pour que le chef puisse être vu de tous ses hommes et les diriger sans à-coup par l'itinéraire le meilleur.

Le chef aide à l'exécution du mouvement en confirmant, s'il le juge utile, ses commandements par les gestes réglementaires et en se portant au plus tôt à sa nouvelle place, face à la nouvelle direction; il ne se déplace que lorsqu'il s'est rendu compte que sa base est bien établie derrière lui.

S'il veut cesser d'être le guide de sa troupe, il prévient l'homme de base de ne pas bouger ou de ne plus le suivre; dans ce dernier cas il lui donne à haute voix un point de direction éloigné.

Pour donner l'instruction, il se conforme aux méthodes exposées au chapitre III du titre Ier.

En toutes circonstances, les chefs d'équipe secondent le chef de groupe, en usant soit du geste, soit d'indications très sobres données à mi-voix.

207. Les mouvements d'assouplissement sont d'abord enseignés à des hommes armés et équipés uniformément en voltigeurs.

Dès que les équipes ont acquis une connaissance suffisante du port et de l'emploi de leur armement spécial, le groupe est constitué normalement.

ARTICLE II.

MOUVEMENTS EN LIGNE OU EN COLONNE.

208. Le groupe étant en ligne sur un ou deux rangs est mis en marche par le commandement :

En avant.

Les hommes partent vivement et conservent les yeux fixés sur le chef de groupe, qui assure la direction. L'homme de base marche exactement dans ses traces. Chaque soldat conserve l'intervalle qui le sépare de son voisin du côté de la base; il cède à la pression qui vient de ce côté et résiste à celle qui vient du côté opposé. Les hommes du second rang suivent leur chef de file.

209. Le groupe étant en colonne par un ou par deux est mis en marche par le même commandement.

Le chef de l'équipe de base suit le chef de groupe. Chaque homme marche dans les traces de celui qui le précède.

210. Le groupe étant dans une formation quelconque est arrêté par le commandement :

HALTE.

Le groupe s'arrête en conservant la formation dans laquelle il se trouve.

Si le chef veut arrêter en changeant de formation, il donne avant le commandement HALTE l'indication nécessaire. Les hommes prennent la nouvelle formation et s'arrêtent.

211. Les changements de direction du groupe en marche résultent de ceux que le chef de groupe exécute de sa personne. Il étend le bras vers la nouvelle direction en commandant :

DIRECTION (tel point).

Si aucun point de repère ne peut être désigné facilement, la direction est celle qu'il montre.

212. Pour mettre le groupe de pied ferme face à une nouvelle direction sans changer sa formation, le chef de groupe fait face à cette direction, l'indique du bras et commande :

FACE A TEL POINT.

L'homme de base et, par suite, tous les autres hommes du groupe se conforment au mouvement du chef.

213. Pour faire agenouiller ou coucher le groupe de pied ferme ou en marche, le chef commande :

A GENOU.

ou

COUCHEZ-VOUS.

Les hommes s'arrêtent s'il y a lieu et prennent les positions indiquées aux nos 118 et 119, en les adaptant au terrain.

ARTICLE III.

PASSER DE LA FORMATION EN LIGNE A LA FORMATION EN COLONNE ET RÉCIPROQUEMENT.

214. Étant en ligne, se former en colonne par un. Le groupe étant en ligne sur un ou deux rangs, de pied ferme ou en marche, le chef de groupe désigne comme homme de base le chef d'équipe placé à droite du premier rang et commande :

COLONNE PAR UN.

Le chef d'équipe désigné suit le chef de groupe à 6 pas, les autres hommes prennent successivement leur place dans la colonne; si une équipe est au second rang, elle rompt en colonne comme la première et la suit sans distance.

215. Pour former la colonne par un de pied ferme, le chef de groupe fait simplement couvrir derrière le chef d'équipe de droite, qui ne se déplace pas : à cet effet il fait précéder le commandement COLONNE PAR UN de l'indication *Sur place* et il ne bouge pas de sa personne.

216. Le groupe en ligne ne rompt point en colonne par la gauche.

217. Étant en ligne sur un rang, se former en colonne par deux.

Le chef de groupe désigne comme homme de base le caporal placé à droite de l'équipe de droite (gauche) et commande :

COLONNE PAR DEUX.

L'équipe de droite (gauche) suit le chef de groupe ou se forme sur place en colonne par un, comme il vient d'être dit. L'autre équipe se forme de même et se porte à sa hauteur du côté où elle se trouve déjà.

218. Étant en ligne sur deux rangs, se former en colonne par deux.

COLONNE PAR DEUX.

L'équipe du premier rang est équipe de base et se forme en colonne, par un, derrière le chef de groupe, comme il vient d'être dit. L'équipe subordonnée rompt par la droite comme la première et se porte à sa droite.

Le chef de groupe peut également obtenir la colonne par deux, en faisant exécuter un à droite (gauche) suivi immédiatement d'un départ dans la direction du front primitif.

219. Etant en colonne par un, se former sur un rang de pied ferme ou en marche.

1° En avant

VERS LA GAUCHE EN LIGNE.

L'homme de tête ne bouge pas ou continue à marcher; les autres hommes se portent au plus vite en ligne à sa hauteur et à sa gauche. Le chef de groupe se porte vivement vers la gauche et règle son déplacement de façon que l'homme de base, désigné pour la marche en ligne, puisse sans à-coup se placer derrière lui à la distance prescrite.

2° **Face à droite (à gauche).**

A DROITE DROITE (A GAUCHE GAUCHE).

où

A DROITE MARCHE (A GAUCHE MARCHE).

Chaque homme fait A DROITE (GAUCHE) sur place ou pour continuer à marcher (nos **76** et **93**). Le chef de groupe se comporte comme il est dit au no **219**, 1°.

220. Si le groupe doit faire face à droite en s'arrêtant, le chef de groupe commande :

A DROITE HALTE (A GAUCHE HALTE).

Les hommes exécutent sans temps d'arrêt et sans rechercher l'alignement.

221. Étant en marche en colonne par un, se former en colonne par deux.

COLONNE PAR DEUX.

L'équipe de tête est de base et suit le chef de groupe; l'équipe de queue accélère l'allure et se porte à la hauteur et à droite de l'équipe de base.

222. Étant en colonne par deux, se former en colonne par un.

COLONNE PAR UN.

L'équipe de base suit le chef de groupe; l'autre équipe ralentit l'allure et prend sa place derrière elle.

ARTICLE IV.

DÉPLOIEMENTS.

1° Déploiements par équipes.

223. Le cas le plus général est celui du groupe en colonne par deux ou par un se déployant par équipes en colonne par un.

Le groupe en ligne sur un ou deux rangs peut également se fractionner en deux équipes sur un rang.

Dans les deux cas, le fusil-mitrailleur étant l'arme la plus importante du groupe, le chef de groupe prend l'équipe de fusiliers comme équipe de base ou équipe de tête chaque fois que cela lui est possible, afin de l'avoir systématiquement derrière lui.

224. Le groupe en colonne par deux ouvre l'intervalle entre les équipes au commandement :

PAR ÉQUIPES. — INTERVALLE, TANT DE PAS.

L'équipe de base continue à marcher dans les traces du chef de groupe ou sur le point désigné; l'autre équipe suit son chef d'équipe qui gagne en obliquant l'intervalle indiqué.

Les deux chefs d'équipe restent à leur place en tête de leur équipe.

225. Le groupe en colonne par un prend la même formation au moyen du même commandement. Le chef de l'équipe de queue la dirige à droite de l'équipe de base.

226. La colonne est reprise au commandement :

COLONNE PAR UN (PAR DEUX).

227. Si le chef de groupe veut augmenter ou diminuer l'intervalle entre les équipes, il commande :

INTERVALLE, TANT DE PAS.

Le mouvement s'exécute comme il est prescrit au n° 224.

228. Pour échelonner ses équipes, le chef de groupe commande :

PAR ÉQUIPES. — DISTANCE, TANT DE PAS.

L'équipe de base suit le chef de groupe ou marche sur le point désigné, l'autre équipe ralentit l'allure jusqu'à ce qu'elle ait la distance indiquée. Les deux chefs d'équipe restent à leur place en tête de leur équipe.

Ce mouvement permet de préparer le déploiement en tirailleurs sur deux échelons. Lorsqu'il est formé un deuxième échelon, il est placé à 10 pas au moins du premier afin de ne pas se mélanger avec lui pendant les bonds et à 40 pas au plus afin que le chef de groupe ne cesse de pouvoir les commander simultanément à la voix.

Lorsqu'aucune distance n'est indiquée, le deuxième échelon prend celle de 20 pas.

229. Le chef de groupe modifie la distance par le commandement :

DISTANCE, TANT DE PAS.

230. Il peut combiner les mouvements qui précèdent au moyen du commandement :

PAR ÉQUIPES. — INTERVALLE, TANT DE PAS; DISTANCE, TANT DE PAS.

L'équipe subordonnée suit son chef d'équipe qui lui fait prendre la distance et l'intervalle indiqués en arrière de l'équipe de base et du côté où elle se trouvait déjà.

231. Le déploiement du groupe en ligne sur un ou deux rangs en deux équipes sur un rang avec intervalle s'exécute par les mêmes commandements.

Dès que les équipes se séparent, chaque chef d'équipe se place à 6 pas devant son homme de base et conduit son équipe. Le chef de l'équipe de base marche derrière le chef de groupe ou sur le point désigné.

232. La ligne sur un ou deux rangs est reprise au commandement :

EN LIGNE SUR UN RANG (SUR DEUX RANGS).

233. Le déploiement peut aussi avoir lieu de pied ferme. Le chef de groupe fait précéder les commandements des n°° 224 à 230 de l'indication *Sur place*. L'équipe de base ne bouge pas, l'autre est conduite par son chef.

234. Le groupe déployé par équipes sur un ou deux échelons est mis en marche, est arrêté, modifie sa direction de marche ou fait face à un point par les mêmes commandements que le groupe non déployé (n°s 209 à 213).

Il peut exécuter simultanément un changement de formation et un changement de front par le commandement :

TELLE FORMATION.

FACE A DROITE (GAUCHE) OU FACE A TEL POINT.

2° Déploiements en tirailleurs.

235. Le groupe se déploie en tirailleurs sur un échelon ou sur deux échelons. Le mouvement est précédé ou non d'un déploiement par équipes (n° 223).

Les mouvements qui suivent ont pour but de rendre familier le mécanisme du passage de la formation par groupe ou par équipes à la formation en tirailleurs. Ils ne constituent pas encore des exercices de combat. Cependant il y a déjà lieu d'exiger que les tirailleurs, aussitôt arrêtés, se couchent ou s'abritent, tout en se mettant en état d'observer et de faire usage de leurs armes. Ces préoccupations doivent primer complètement celle de s'aligner.

Les déploiements ont lieu de pied ferme ou en marchant.

Les déploiements dans une direction très oblique à la direction de marche sont à éviter; il est préférable d'établir le groupe face à la nouvelle direction, puis de le déployer.

236. Le groupe étant en colonne par un et en marche est déployé en tirailleurs sur un seul échelon face en avant pour continuer à marcher ou pour s'arrêter par le commandement :

SUR UN RANG EN TIRAILLEURS.

A TANT DE PAS.

HALTE (s'il y a lieu).

Le chef de groupe continue à marcher ou s'arrête.

Le tireur devient homme de base et se conforme au mouvement du chef de groupe. Le premier pourvoyeur se place à sa droite, le chef d'équipe à sa gauche, les aides-pourvoyeurs se déploient à sa droite et à gauche de ces trois hommes.

L'équipe de voltigeurs se déploie rapidement vers la droite ou vers la gauche, selon que son chef se porte à droite ou à gauche.

Tous les hommes prennent l'intervalle indiqué sur l'homme de base; ils règlent leurs mouvements en avant sur le sien, mais sans chercher à s'aligner. Les chefs d'équipe restent dans le rang.

Si aucun intervalle n'est indiqué, les tirailleurs prennent celui de 5 pas.

Au commandement HALTE, les tirailleurs se couchent comme il est dit plus haut. Chacun d'eux peut s'écarter de quelques pas de sa place régulière, si ce déplacement est justifié par l'existence d'un abri à utiliser. Le chef de groupe dégage le front et se poste derrière le fusil-mitrailleur, prêt à conduire son feu. Le caporal-fusilier et le premier pourvoyeur se rapprochent du tireur pour l'assister.

A la reprise du mouvement en avant, le chef de groupe reprend sa place en avant du tireur, tous les tirailleurs reprennent les intervalles prescrits.

237. Ce déploiement est le déploiement normal du groupe sur un échelon.

Il peut être exécuté dans une direction oblique par rapport à la première direction de marche. Le chef de groupe ajoute alors au commandement EN TIRAILLEURS l'indication FACE A TEL POINT.

238. Le chef de groupe peut aussi prescrire que les voltigeurs se déploient en partie à droite et en partie à gauche des fusiliers. Dans ce cas, le caporal et la demi-équipe de tête vont à droite, la demi-équipe de queue va à gauche, à moins qu'il n'ait été prescrit l'inverse.

239. Si le groupe est en colonne par deux, l'équipe de voltigeurs dégage vivement vers la droite ou vers la gauche pour que l'équipe de fusiliers ait la place de se déployer autour du tireur. Le mouvement s'achève comme précédemment.

240. Si le groupe est en ligne sur un rang, le déploiement se réduit à ouvrir les intervalles. S'il est en ligne sur deux rangs, le chef de groupe le forme en général sur un rang, puis le déploie comme ci-dessus. Il peut aussi faire exécuter ces mouvements simultanément au moyen du commandement du n° 236.

241. Pour déployer en tirailleurs sur deux échelons, le chef de groupe commande :

SUR DEUX RANGS EN TIRAILLEURS,

FACE A TEL POINT (dans le cas du n° 237).

A TANT DE PAS.

HALTE (s'il y a lieu).

Chaque équipe, disposée le plus souvent en colonne, se déploie sur un rang, d'après les principes qui précèdent. L'équipe de tête suit le chef de groupe ou s'arrête. L'autre équipe prend, en arrière de la première, une distance de 20 pas, à moins qu'il ne lui en soit indiqué une autre (n° 228).

Les tirailleurs du deuxième échelon ne sont pas tenus de couvrir derrière ceux du premier. Le chef de groupe peut même prescrire un intervalle plus grand entre les tirailleurs du deuxième échelon, afin de leur faire déborder une aile ou les deux ailes du premier échelon.

Particularités relatives à l'équipe des fusiliers.

242. L'obligation de se tenir prête, à chaque arrêt, à faire usage de l'arme automatique comporte pour l'équipe de fusiliers déployée en tirailleurs les dispositions suivantes :

Le premier pourvoyeur met sac à terre, en retire un chargeur qu'il passe au tireur et dispose d'autres chargeurs sur la patelette de son sac;

Le tireur met l'arme sur sa fourche et approvisionne;

Les aides-pourvoyeurs se tiennent prêts à ouvrir une trousse pour regarnir les chargeurs vides.

Ces dispositions ne sont pas prises si le chef de groupe prévient, en arrêtant, qu'il ne fera pas tirer.

Avant de repartir, le chef de groupe prévient les fusiliers en temps voulu pour qu'ils aient le temps d'exécuter s'il y a lieu les opérations suivantes :

Les pourvoyeurs remettent dans les sacs et dans les musettes les chargeurs et les cartouches en vrac.

Pendant ce temps le tireur reste en état de continuer le feu. Au dernier moment il retire le chargeur placé sur l'arme et le passe au premier pourvoyeur, il replie la fourche et se prépare à se porter en avant.

Si les circonstances l'exigent, il peut laisser le chargeur sur l'arme et se contenter de mettre l'arme à la sûreté (1).

---

(1) Le détail de la mise en batterie et de l'exécution du feu du fusil-mitrailleur est donné dans le Règlement sur la pratique du tir dans les compagnies d'infanterie (2e partie).

Toutefois, il est essentiel de remarquer qu'au combat, l'abandon d'une formation en petites colonnes de groupes ou d'équipes pour la formation en tirailleurs est imposée par la nécessité de marcher sous le feu de l'infanterie en y ripostant et que, sous un tel feu, la progression ne peut plus avoir lieu que *par bonds.*

Le mécanisme des bonds est par suite le principal enseignement à donner au groupe déployé, en vue des exercices de combat.

249. Pour faire exécuter un bond, le chef de groupe prévient en temps voulu les fusiliers, fait cesser le feu, s'il y a lieu, et décharger. Les voltigeurs ferment leur cartouchière; les fusiliers se conforment à ce qui est prescrit au n° 242. Tous se tiennent prêts à se relever vivement, sans cependant qu'aucun exhaussement de leur corps ne décèle le mouvement qu'on va faire. Le chef de groupe indique, si possible, l'abri ou la ligne à atteindre et commande :

En Avant.

Les tirailleurs entraînés par le chef de groupe, bondissent sans autre préoccupation que celle d'atteindre l'abri ou la ligne indiquée. Ils ne doivent en particulier jamais s'attacher à l'alignement autrement que pour régler leur marche sur celui d'entre eux qui est le plus en avant.

250. Les tirailleurs sont arrêtés par le commandement :

Halte.

Ils se conforment, ainsi que le chef de groupe, à ce qui a été dit au n° 236. Au besoin, ils continuent à faire à toute vitesse les quelques pas qui les séparent d'un abri ou de la ligne qu'ils doivent atteindre pour pouvoir tirer sans gêner leurs camarades déjà couchés.

Si l'abri ou la ligne à atteindre a été indiqué d'avance, les tirailleurs s'y arrêtent sans commandement. Les fusiliers prennent les dispositions prescrites au n° 242, à moins qu'ils n'aient été avertis de n'avoir pas à tirer.

251. Au départ pour le bond suivant, tous les hommes reprennent, autant que possible, des intervalles uniformes entre eux. Aucun resserrement ne doit révéler le fusilier tireur.

252. Le groupe doit être, en outre, exercé à exécuter le bond par équipes et le bond homme par homme. Le mouvement commence en principe par l'équipe de fusiliers; il s'exécute si possible sous la protection du feu des voltigeurs qui se portent ensuite à la hauteur des fusiliers. Ceux-ci, dès leur arrivée sur la nouvelle ligne, ont ouvert le feu pour faciliter le mouvement des voltigeurs.

Selon les circonstances, le chef de groupe part avec la première équipe ou les premiers hommes ou reste pour assurer les départs successifs de tous ses éléments.

Le groupe se porte toujours droit devant lui, il ne change pas de direction au cours d'un bond. Mais la ligne à atteindre sera parfois oblique par rapport à la ligne de départ ou ne sera pas rectiligne. Le groupe sera préparé ainsi aux manœuvres d'enveloppement qui se présenteront dans les exercices de combat.

253. Enfin le chef exercera son groupe à s'établir sur la nouvelle ligne en modifiant soit les intervalles, soit la position relative des fusiliers et des voltigeurs.

NOTA. — *Les places prescrites pour le chef de groupe à l'article IV ci-dessus sont celles qui conviennent le mieux pour instruire et pour entraîner la troupe. Mais il reste entendu que, lorsque le dressage du groupe est terminé et à fortiori, dans les circonstances habituelles du combat rapproché, le chef du groupe déployé se conforme aux indications du titre IV de la 2e partie (procédés d'instruction en vue du combat) : c'est-à-dire qu'il* **marche confondu parmi ses hommes, dans le voisinage immédiat du fusilier tireur.** *Cette prescription a pour but de permettre le tir du F.M. en marchant et de ne pas désigner les chefs aux tireurs d'élite de l'ennemi.*

Feux.

254. Les feux exécutés par le groupe déployé sont :

1° Le feu de l'arme automatique, conduit par le chef de groupe, commandé par le caporal-fusilier.

2° Les tirs individuels de précision exécutés à l'initiative de tous les hommes armés du fusil et du mousqueton, sur tout ennemi vulnérable dangereux pour le groupe.

3° Exceptionnellement, les feux collectifs exécutés sur l'ordre du chef de groupe, à son commandement ou au commandement d'un des chefs d'équipe.

Les conditions d'exécution de ces feux sont traitées dans la 2e partie du règlement.

TITRE IV.

ÉCOLE DE SECTION.

255. La section est la plus petite unité d'infanterie susceptible de manœuvrer, c'est-à-dire de faire concourir à un même but plusieurs fractions constituées en leur attribuant des rôles différents.

L'Ecole de Section a pour but :

1° de mettre la section entièrement dans la main de son chef et de donner à l'ensemble de ses éléments la cohésion nécessaire;

2° d'enseigner au groupe à combattre en union avec les groupes voisins.

Elle comprend, comme l'Ecole du Groupe :

1° des exercices d'ordre serré;

2° des exercices d'assouplissement;

3° des exercices de combat.

CHAPITRE Ier.

FORMATIONS ET RASSEMBLEMENTS

ARTICLE Ier.

FORMATIONS.

256. On distingue les formations :

de rassemblement,

de marche,

d'approche,

d'attaque.

FORMATIONS DE RASSEMBLEMENT.

257. La section se rassemble normalement en ligne sur trois rangs ou en colonne par trois.

Dans certains cas particuliers, elle peut se rassembler en ligne sur un ou deux rangs ou en colonne par un ou par deux.

Quand l'effectif de la section ne peut permettre de former qu'un ou deux groupes, elle se rassemble uniquement en ligne sur un ou deux rangs ou en colonne par un ou par deux.

Formations en ligne sur trois rangs.

258. Les groupes de combat en ligne sur un rang (nº 193) sont placés les uns derrière les autres à un pas de distance. Les hommes des deuxième et troisième rangs couvrent exactement sur ceux du premier. A la gauche de la section, les hommes se répartissent entre les rangs de façon qu'il y ait au plus une file creuse. Les chefs de groupe se placent à la droite de leur groupe.

Formations en ligne sur un ou deux rangs.

259. Les trois groupes en ligne sur un rang ou sur deux rangs (nº 193) se rassemblent les uns à côté des autres, sur le même alignement et sans intervalle. Le chef du groupe de droite est à la droite de son groupe. Les autres sont en serre-files, à deux pas derrière l'homme ou la file de droite de leur groupe.

260. Si la section n'est composée que de deux groupes, elle peut être formée en ligne sur deux rangs par le placement des deux groupes sur un rang l'un derrière l'autre.

Formations par rang de taille.

261. La section se rassemble par rang de taille sur trois rangs ou sur deux rangs. Les groupes sur un rang et par rang de taille sont placés les uns derrière les autres, leurs chefs à droite.

La section à trois groupes peut se rassembler sur deux rangs, dans les mêmes conditions que le groupe (nº 189); la moitié de la section forme le premier rang, l'autre moitié le deuxième rang. Un chef de groupe est à la droite de la section, les autres se placent en serre-files à deux pas.

Les formations par rang de taille sont surtout utilisées pour les revues et le service d'ordre; elles comportent généralement l'armement uniforme et l'intervalle coude à coude.

262. Dans toutes les formations en ligne, le chef de la section isolée se place à six pas devant l'homme qu'il désigne de base, en principe au centre. Quand la section est dans le cadre de la compagnie, il se met aux places prescrites à l'Ecole de Compagnie.

Lorsqu'il existe des gradés en excédent, ils se placent en serre-files, à deux pas du dernier rang; le premier se met derrière la gauche du rang, le deuxième derrière le milieu, le troisième derrière la droite.

Formations en colonne.

263. Les formations en colonne par trois, par un et par deux sont les formations précédentes ayant fait A DROITE. En principe, le groupe qui était au premier rang reste groupe de base. Le chef de la section isolée se place à six pas devant le chef de ce groupe ou à la distance à laquelle ce groupe doit rester de lui.

Dans la traversée des localités, le chef de section se place à côté du chef de groupe de gauche, en dehors de la colonne.

264. Dans toutes les formations en ligne ou en colonne, dès que les groupes se séparent, chaque chef de groupe prend la place qui lui est assignée à l'Ecole du Groupe. Le chef du groupe de base suit le chef de section.

FORMATIONS DE MARCHE.

265. La colonne par trois est la formation normale de marche. La section peut également marcher en colonne par un ou par deux (n° 263) et exceptionnellement en ligne (n°° 258 à 260).

Sur les routes, les serre-files forment un rang derrière la section. Le chef de section marche en principe à hauteur de ce rang et se déplace de temps en temps le long de sa section pour s'assurer que tous ses hommes marchent à leur place et en ordre.

FORMATIONS D'APPROCHE.

266. Les *formations d'approche* sont celles que prend la section pour progresser sous le feu de l'artillerie, puis de l'infanterie, tant qu'elle n'est pas obligée d'ouvrir elle-même le feu.

La section dispose ses groupes en profondeur et en largeur. Les groupes sont, en principe, en colonne; ils peuvent marcher eux-mêmes par équipes échelonnées. Les distances et les intervalles sont fixés de manière à ne pas mélanger les groupes de la section avec les éléments des sections voisines.

Exceptionnellement, la section peut avoir ses groupes en ligne sur un rang.

L'emploi de ces diverses formations est indiqué dans la deuxième Partie du Règlement.

FORMATIONS D'ATTAQUE.

267. La *formation d'attaque* est celle que prend la section pour être à même d'ouvrir le feu, soit instantanément, soit après un mouvement intérieur très simple.

La formation d'attaque dérive de la *formation d'approche* et varie depuis l'abandon de celle-ci jusqu'à la *formation d'assaut*. Les formations d'approche, d'attaque et d'assaut ne sont d'ailleurs que les différents aspects de la *formation de combat*.

Cette partie de l'instruction est traitée au Titre IV de la deuxième Partie.

ARTICLE II.

RASSEMBLEMENTS ET ALIGNEMENTS.

268. La section se rassemble en ligne ou en colonne, s'aligne, rompt les rangs d'après les mêmes principes et par les mêmes commandements que le groupe (nos 193 à 201).

Lorsqu'elle se rassemble en ligne sur deux ou trois rangs, le premier rang est aligné par le chef de section comme s'il était isolé; les chefs de groupe vérifient l'alignement des autres rangs et, s'il y a lieu, le rectifient au moyen d'indications données à voix basse.

Dans ces mouvements, les chefs de groupe se conforment à ce qui est dit pour l'homme de droite (gauche) ou l'homme de tête du groupe.

269. La section en ligne est exercée à s'aligner sur le prolongement d'une troupe déjà placée, en prenant un intervalle indiqué. Le chef fait aligner du côté où cet intervalle doit être pris; à cet effet, il prescrit au dernier homme de l'aile opposée de se placer exactement sur l'alignement à obtenir et de ne plus bouger; puis il dirige l'alignement du premier rang sur cet homme. Au commandement FIXE, on se conforme à ce qui est prescrit au n° 194.

CHAPITRE II.

EXERCICES D'ORDRE SERRÉ.

270. Les mouvements d'ordre serré de la section sont exécutés soit par la section ayant son armement de combat, soit par des hommes armés uniformément du fusil et placés par rang de taille en vue de leur participation à une revue ou à un service d'ordre.

Dans le premier cas, les fusiliers-tireurs se conforment à ce qui est prescrit au n° 114; les hommes armés du pistolet le laissent dans l'étui et se comportent comme des soldats sans arme.

ARTICLE Ier.

MOUVEMENTS EN LIGNE.

271. La section en ligne fait à droite (gauche), demi-tour de pied ferme et exécute le maniement d'armes au moyen des commandements de l'Ecole du soldat.

Lorsqu'elle fait demi-tour, les serre-files, passant par la gauche, se portent vivement devant le premier rang au commandement *Demi-tour*. Ils prennent part au maniement d'armes.

Marche en ligne.

272. La marche en ligne n'est exécutée que pour effectuer de petits déplacements (1). La section étant sur un ou plusieurs rangs, l'arme au pied, le chef de section commande :

L'arme à la hanche,

En avant,

MARCHE.

Tout le monde part vivement. L'homme de base, généralement pris au centre, marche exactement dans les traces du chef de section ou droit devant lui. Les autres hommes se conforment à ce qui est prescrit au n° 208.

273. La section est arrêtée par le commandement :

Section,

HALTE.

---

(1) Sous cette réserve, les différentes unités en ordre serré peuvent marcher en ligne de la même manière par les mêmes commandements.

S'arrêter en conservant l'arme à la hanche, s'aligner rapidement sur l'homme de base.

Le chef de section commande ensuite :

FIXE.

274. Si le chef de section a fait le mouvement pour avoir sa droite ou sa gauche placée en un point déterminé d'avance, il fait suivre le commandement HALTE du commandement *à droite* (gauche) ALIGNEMENT pour avertir les hommes de ne pas s'aligner sur le centre.

275. Pour faire exécuter un très faible déplacement, le chef de section fait simplement prendre un nouvel alignement, comme il est dit au n° 199.

ARTICLE II.

MOUVEMENTS EN COLONNE.

276. La section en colonne fait à droite (gauche) demi-tour de pied ferme et en marchant, marche, s'arrête face en avant et face en arrière, et exécute le maniement d'armes au moyen des commandements de l'Ecole du soldat.

277. Avant de la mettre en marche, le chef de section fait généralement mettre l'arme sur l'épaule, puis il commande :

En avant,

MARCHE.

Si le chef de section juge à propos d'appuyer le commandement par le geste, il élève le bras verticalement en commandant EN AVANT, et l'abaisse horizontalement dans la direction à suivre, en commandant MARCHE.

Tout le monde part vivement. Dans chaque fraction de trois, l'homme du groupe de base (n° 263) s'applique spécialement à garder sa distance, les deux autres s'alignent sur lui. Dans chaque colonne élémentaire, tous les hommes couvrent exactement les uns derrière les autres.

La direction est assurée par le chef de section, derrière lequel l'homme de base marche, à six pas ou à la distance indiquée. La première fraction de trois et par suite le reste de la section règlent leur marche sur celle de l'homme de base.

278. Les changements de direction de la section en marche résultent de ceux que le chef de section exécute de sa personne. Il étend le bras vers la nouvelle direction en commandant :

Direction (tel point).

Si aucun point de repère ne peut être désigné facilement, la direction est celle qu'il montre.

Le chef de section et l'homme de base se placent sans à-coup dans la nouvelle direction et règlent leur marche de manière que la colonne extérieure n'ait pas à allonger le pas.

279. Le changement de direction peut être exécuté en se mettant en marche par les commandements du n° 277.

Avant de commander *En avant*, le chef de section fait face à la direction à prendre; s'il fait usage du geste, au commandement Marche, il abaisse son bras dans cette direction et confirme ainsi à l'homme de base et à toute la section qu'ils ont à exécuter dès les premiers pas ce qui est prescrit au n° 278.

280. La section passe du pas cadencé au pas gymnastique et inversement par les commandements :

Pas gymnastique,
Marche.

Pas cadencé,
Marche.

281. Elle passe à la marche sans cadence ou au pas de route par les commandements :

Sans cadence :
Marche.

ou *Pas de route,*
Marche.

Au commandement marche, les hommes mettent l'arme à la bretelle.

282. Avant de reprendre le pas cadencé, le chef fait, en principe, mettre l'arme sur l'épaule, puis il commande :

Pas cadencé,
Marche.

Si l'arme n'a pas été mise sur l'épaule, les hommes rectifient la position de l'arme à la bretelle.

283. FORMEZ LES FAISCEAUX.

Le mouvement s'exécute en colonne par trois.

L'homme du centre de chaque fraction de trois saisit avec la main gauche près de l'embouchoir l'arme de son voisin de gauche et pose la crosse au milieu de l'intervalle qui le sépare de ce voisin, le canon en arrière.

Il place ensuite la crosse de son arme à 75 centimètres en avant de son épaule droite, le canon face à gauche, et croise les quillons, celui de son arme par-dessous.

L'homme de droite de chaque fraction de trois saisit son arme avec les deux mains entre l'embouchoir et la grenadière, introduit le quillon en arrière des quillons déjà croisés et pose la crosse contre la pointe de son pied gauche.

284. ROMPEZ LES FAISCEAUX.

L'homme de droite et l'homme du centre de chaque fraction de trois saisissent les armes près de l'embouchoir comme il est prescrit pour former les faisceaux; ils soulèvent le faisceau pour le rompre et les trois soldats replacent l'arme au pied.

285. SAC A TERRE.

Les sacs sont placés par trois à droite des faisceaux d'armes.

286. Ils sont repris au commandement :

SAC AU DOS.

286. Si les trois hommes de la même fraction n'ont pas le même armement, ils forment le faisceau de sacs et attendent, l'arme au pied, le commandement de rompre les rangs; ils posent alors leurs armes sur le faisceau formé devant eux ou derrière eux. En marche sur route, le chef de section fait au besoin changer de place un homme ou deux, pour que les faisceaux d'armes puissent être formés par la moitié des fractions de trois.

287. La section en ligne sur deux rangs peut former les faisceaux sans changer sa formation. Son chef commande préalablement : COMPTEZ-VOUS TROIS; les hommes se numérotent dans les deux rangs de la droite à la gauche.

Au commandement FORMEZ LES FAISCEAUX, si les hommes sont à l'intervalle normal, les numéros 1 et 3 appuient sur les numéros 2 à l'intervalle coude à coude. On se conforme ensuite dans chaque fraction de trois hommes du premier rang à ce qui est prescrit au n° 283. Puis, chaque homme du second rang passe son arme à son chef de file qui l'appuie sur le faisceau formé.

Les faisceaux sont rompus par les moyens inverses. Chacun reprend sa place.

288. Fusil et sac à terre.

Chaque homme tenant son arme entre les jambes pose son sac en avant de son pied droit; il pose ensuite son fusil sur le sac entre les deux courroies de charge de droite, le bout du canon vers l'avant.

Cette disposition s'emploie lorsque le chef ne veut pas former les faisceaux comme aux n°s 283 et 287.

ARTICLE III.

PASSER D'UNE FORMATION EN LIGNE A UNE FORMATION EN COLONNE ET RÉCIPROQUEMENT.

289. La section étant en ligne, la former en colonne.

1° La section en ligne sur 3 rangs est formée en colonne par 3 à droite ou à gauche, par le commandement :

A droite (gauche),

Droite (gauche).

2° Pour la former en colonne en avant du front, le chef de section forme la colonne par 3 par un « à droite »; puis il la met en marche en exécutant de suite un changement de direction (n° 279).

290. La section étant en colonne, la former en ligne.

1° La section de pied ferme en colonne par 3 est formée en ligne face à gauche (droite) par le commandement :

A gauche (droite),

Gauche (droite).

2° La section marchant en colonne par 3 est arrêtée en ligne face à gauche (droite) par les commandements successifs :

Section,

Halte.

A gauche (droite),

GAUCHE (DROITE).

Les hommes reposent l'arme en s'arrêtant (n° 100): après avoir fait à gauche (droite), il s'alignent du côté vers lequel ils marchaient.

Le chef commande :

FIXE.

3° Le même mouvement peut être exécuté sans interruption au moyen du commandement :

En ligne face à gauche (droite),

HALTE.

Les hommes s'arrêtent, reposent l'arme, font à gauche (droite) et s'alignent.

4° La section marchant en colonne par 3, pour l'arrêter en ligne face en avant, le chef de section commande :

Vers la gauche en ligne,

HALTE.

Au commandement HALTE, le chef de groupe de gauche s'arrête; les hommes de ce groupe, obliquant à gauche, se portent vivement en ligne à sa hauteur et s'alignent à droite. Les chefs et les hommes des deux autres groupes, prenant le chemin le plus court, exécutent ce qui est prescrit au n° 268 pour le rassemblement en ligne sur trois rangs.

Le chef de section commande :

FIXE.

Passer d'une formation en ligne sur un ou deux rangs à une formation en colonne ou inversement.

291. Les mouvements s'exécutent par les moyens et les commandements des nos 289 et 290; au besoin par un rassemblement sur place dans la formation indiquée et face à la nouvelle direction.

CHAPITRE III.

EXERCICES D'ASSOUPLISSEMENT.

292. Les exercices d'assouplissement de la section ont le même but que ceux du groupe. Ils sont exécutés d'après les mêmes principes.

Ils consistent d'abord à faire exécuter à la section réunie les mêmes mouvements qu'au groupe, ensuite à faire évoluer les groupes les uns par rapport aux autres.

293. Le chef de section se conforme à ce qui est dit au n° 206 pour le chef de groupe isolé. Il se fait suivre, selon le cas, de l'homme du centre ou du chef du groupe de base.

Il déploie par groupes de la même manière que le chef de groupe déploie par équipes : le deuxième groupe se conforme à ce qui est prescrit pour l'équipe subordonnée, c'est-à-dire se porte vers la droite du groupe de base, à moins d'ordre contraire; le troisième groupe se porte vers la gauche.

A partir du moment où le chef de section a déployé par groupes, ses commandements s'adressent aux chefs de groupes et sont exécutés à la diligence de ceux-ci. Ils peuvent concerner un ou deux groupes seulement, qui sont désignés par leur numéro dans la compagnie ou par le nom de leur chef.

Les chefs de groupe emploient surtout le geste pour faire exécuter les mouvements particuliers de leur groupe ou pour confirmer, quand cela est nécessaire, les commandements du chef de section. Ils usent le moins possible des commandements à la voix, en ne leur donnant que la portée suffisante pour être entendus de leurs hommes.

Si la dispersion de la section le permet et que le chef veuille qu'elle manœuvre tout entière à sa voix, sans aucun commandement des chefs de groupe, il en prévient par l'indication « *A mon commandement* ».

Feux.

294. Les feux de la section déployée sont ceux qui sont exécutés par chacun des groupes (n° 254). Le chef de section se préoccupe avant tout de l'action des fusils-mitrailleurs : il fixe aux chefs de groupe, chaque fois que c'est possible, l'objectif à battre, la hausse à prendre, le genre de tir à exécuter et la quantité approximative de munitions à consommer. Le chef de groupe conduit le feu du fusil-mitrailleur d'après ces indications, ou, à défaut, de sa propre initiative.

La section peut encore exécuter :

1° des concentrations courtes et nourries de grenades à fusil, obtenues en donnant aux grenadiers V. B. de la section un objectif commun déterminé par le chef de section;

2° très exceptionnellement, des feux collectifs obtenus en faisant tirer tout ou partie des voltigeurs de la section sous les ordres directs du chef de section.

L'emploi de ces feux est traité dans le Titre « Exercices de combat ».

TITRE V.

LA COMPAGNIE ET LES UNITÉS PLUS FORTES

CHAPITRE Ier.

LA COMPAGNIE.

ARTICLE Ier.

FORMATIONS.

295. Dans les diverses formations de la compagnie, les sections ont les formations prescrites à l'Ecole de Section.

Le capitaine se tient habituellement à dix pas devant le chef de la section de base ou de la section de tête.

Les chefs des sections en colonne sont à deux pas devant le groupe de base de leur section.

Si la section est immédiatement précédée d'une autre section, ils se tiennent sur le rang des chefs de groupe, au coude à coude, du côté de la direction. Lorsque la compagnie est isolée, ils se tiennent en principe à gauche. Il en est de même du chef de la section de tête pour la traversée des localités.

Dès que les sections se séparent pour prendre entre elles des intervalles ou des distances supérieurs à dix pas, chaque chef de section reprend la place prescrite pour le chef d'une section isolée (nº 263).

Lorsqu'ils ne marchent pas avec les groupes de commandement dont ils font normalement partie, le sergent-major, le sergent fourrier et le caporal fourrier sont aux deuxième, quatrième et première sections et y prennent les places indiquées pour les serre-files.

Le groupe de commandement du capitaine prend, sous les ordres du sous-officier désigné ou du caporal fourrier, des formations appropriées correspondant à celles des sections. En principe, il suit le capitaine. Lorsque celui-ci ne juge pas opportun de s'en faire suivre (rassemblements, mouvements d'ordre serré, etc.), il l'affecte momentanément à la section de base : le groupe de commandement se tient alors immédiatement derrière cette section.

Les tambours et clairons sont généralement rassemblés par bataillon ou avec la musique. Lorsque la compagnie est isolée, ils sont placés à quinze pas en avant de la compagnie, dans la traversée des localités, si le capitaine le juge opportun. Dans tous les autres cas, ils se placent à la gauche ou à la queue de la dernière section.

Le cycliste marche en serre-files à hauteur de la première fraction du groupe de commandement ou, s'il en reçoit l'ordre, se tient à quatre pas derrière le capitaine.

Ligne de sections par trois.

296. Les sections en colonne par trois sont placées à la même hauteur à six pas d'intervalle.

Colonne double.

297. Chaque colonne est formée de deux sections successives en colonne par trois, à distance et intervalles de six pas. Les deux sections de la colonne subordonnée (en principe la colonne de gauche) s'alignent sur les sections correspondantes de la colonne de base. Dans l'ordre normal, la première section est tête de la colonne de droite et a derrière elle la deuxième section; la troisième section est tête de la colonne de gauche.

Compagnie en ligne sur trois rangs (deux ou un).

298. Les sections en ligne sur trois rangs (deux ou un) sont placées les unes à côté des autres à trois pas d'intervalle. Cet intervalle est compté du chef de groupe ou de l'homme de droite d'une section à l'homme de gauche de la section voisine. Les chefs de section se placent à droite du chef de groupe du premier rang à l'intervalle prescrit à tous les hommes du rang (normal ou coude à coude). Les serre-files se placent au deuxième ou troisième rang derrière leurs chefs de section.

Cette formation n'est utilisée que pour les inspections, les revues ou le service d'ordre.

Colonne par trois.

299. Les sections en colonne par trois sont placées les unes derrière les autres à trois pas de distance. Cette formation découle de la précédente, la compagnie ayant fait à droite. Les chefs de section se placent à la gauche de leurs chefs de groupe, au coude à coude.

La distance de trois pas ménage la place du rang constitué par les serre-files de la section précédente : il en résulte qu'en route les fractions de la compagnie se suivent sans aucun vide, de la tête à la queue.

Colonne de route.

300. La compagnie marche le plus habituellement en colonne par trois, comme il vient d'être dit. Elle peut marcher en colonne par quatre en accolant les quatre sections en colonne par un, et en colonne par six, en formant une colonne double sans intervalle. Ces dernières formations sont surtout applicables sur pistes, en dehors des routes.

En route, le capitaine et les chefs de section marchent normalement à la queue de leur unité. L'allure est réglée par un sous-officier dans la même tenue que la troupe, sous le contrôle du chef de la première section qui, à cet effet, marche généralement en tête.

Formations d'approche.

301. Les formations d'approche dérivent soit de la colonne double, soit de la ligne de sections par trois, en faisant varier les distances et les intervalles au besoin jusqu'aux limites de la zone attribuée à la compagnie et en faisant prendre en outre aux sections et aux groupes les formations d'approche qui leur conviennent.

La compagnie peut ainsi être formée *en échiquier* (n° 55), *en triangle* (une section en premier échelon, trois sections en deuxième échelon), *en trapèze* (deux sections en deuxième échelon, débordant à droite et à gauche), ou *en losange*. A l'aile d'une formation, la compagnie est souvent disposée *en échelons, la droite (gauche) en avant*, chaque section formant un échelon en arrière et à gauche (droite) de la précédente.

ARTICLE II.

EXERCICES D'ORDRE SERRÉ.

302. La compagnie exécute, au commandement du capitaine, tous les mouvements prescrits au chapitre II de l'Ecole de Section, sauf le mouvement de *Vers la gauche en ligne.*

mêmes moyens, la seconde section à droite de la section de tête, les autres à gauche.

Si le rassemblement doit se faire en colonne double, les deux sections de tête forment la colonne de droite, les deux dernières la colonne de gauche.

Si le rassemblement doit se faire en ligne (revues, service d'ordre), chaque section est dirigée par son chef sur le point où doit aboutir sa droite, puis elle est arrêtée au moment voulu par le mouvement *Vers la gauche en ligne*, HALTE. Le capitaine fait aligner la compagnie, le mouvement terminé.

Passer d'une formation de rassemblement à une autre formation.

306. Pour passer de la ligne de sections par trois à la colonne double, le capitaine commande :

Colonne double,

MARCHE.

Au commandement MARCHE, la 1re et la 3e sections se mettent en marche; la section de base suit le capitaine ou prend la direction qu'il indique, l'autre section gagne en marchant l'intervalle de six pas; les 2e et 4e sections sont mises en marche par leurs chefs et suivent les sections de tête.

Le capitaine peut prendre une section quelconque pour section de base. Il complète alors le commandement en indiquant la place des sections.

307. Pour passer de la ligne de sections par trois à la colonne par trois, le capitaine se place devant la section de base et commande :

Colonne par trois,

MARCHE.

La section de base suit le capitaine ou prend la direction qu'il indique. Les autres sections se mettent en marche au commandement de leurs chefs et prennent place dans la colonne, d'abord la ou les sections de droite, ensuite celles de gauche.

Si le capitaine veut que les sections se reforment en colonne dans un ordre différent, il indique cet ordre.

308. Pour passer de la colonne double à la colonne par trois, le capitaine commande :

Colonne par trois,

MARCHE.

La colonne de base part derrière le capitaine ou prend la direction qu'il indique, les autres sections suivent au commandement de leurs chefs.

309. Pour passer de la colonne double à la ligne de sections par trois, le capitaine commande :

Ligne de sections par trois,

MARCHE.

Au commandement MARCHE, les sections de queue se portent l'une à droite et l'autre à gauche des sections de tête et à leur hauteur, au besoin en accélérant l'allure.

ARTICLE III.

EXERCICES D'ASSOUPLISSEMENT.

310. Les exercices d'assouplissement de la compagnie sont exécutés d'après les principes exposés à l'Ecole du Groupe.

Le Capitaine indique la direction à suivre, la fraction de base, la formation à prendre et, s'il y a lieu, le front à occuper. Dans les déplacements, il précède la compagnie à une distance suffisante pour pouvoir la conduire sans à-coups par l'itinéraire le meilleur. Il se fait suivre, en principe, de son groupe de commandement.

Chaque chef de section conduit sa section à la place qui lui revient dans la formation indiquée par le capitaine; il règle son mouvement sur celui de la section de base tout en ne perdant pas de vue que les distances et les intervalles indiqués par le capitaine peuvent toujours être momentanément modifiés en raison des exigences du terrain. En particulier, deux sections accolées peuvent avoir à emprunter le même cheminement.

Le chef de section ordonne la formation propre de sa section, soit d'après les indications du capitaine, soit d'après la formation qu'il voit prendre à la section de base, soit de sa propre initiative si l'exercice exécuté le comporte. Il est astreint à ne pas empiéter sur le terrain des sections voisines au point de les gêner.

311. La compagnie est exercée à marcher en formation d'approche sur de longs espaces, en modifiant sa formation, en déployant ses sections, et en modifiant légèrement sa direction. Les sections peuvent former un seul échelon (ligne de section par trois) ou plusieurs échelons (n° 301). Les formations d'approche les plus usitées sont la colonne double et la formation en losange, qui contiennent en germe la formation de combat sur deux ou trois échelons.

CHAPITRE II.

LE BATAILLON.

ARTICLE Ier.

FORMATIONS DU BATAILLON.

312. Dans les diverses formations du bataillon, les compagnies prennent sans modifications les formations prescrites à l'Ecole de Compagnie.

Les intervalles et les distances qui séparent les compagnies sont de dix pas, à moins d'indications contraires.

Le chef de bataillon, ayant à sa gauche le capitaine adjudant-major (1), se tient habituellement à vingt pas devant le capitaine de la compagnie de base.

Quand le groupe de commandement n'est pas constitué, l'adjudant de bataillon se place en serre-file de la section de tête, à proximité du chef de bataillon.

Les capitaines sont à dix pas devant le chef de la section de leur compagnie, qui est du côté de la direction.

Dans les exercices d'ordre serré et d'assouplissement, la compagnie de mitrailleuses manœuvre comme une quatrième compagnie, par les moyens tirés de son règlement particulier. La section d'engins d'accompagnement (2) manœuvre avec la compagnie de mitrailleuses, sauf indications contraires du chef de bataillon.

Le groupe de commandement est commandé par l'adjudant de bataillon. Il prend les mêmes formations que les sections voisines, les cyclistes en tête, les hommes non armés du fusil en queue. En principe, il suit le chef de bataillon. Lorsque celui-ci ne juge pas opportun de s'en faire suivre (rassemblements, mouvements d'ordre serré, etc...), il

(1) Ou, à défaut, un officier-adjoint.
(2) Projet à l'étude.

l'affecte momentanément à la compagnie de base; selon les ordres qu'il reçoit, le groupe de commandement se tient alors derrière une section ou sur le flanc de la compagnie de base : dans ce dernier cas, il manœuvre comme une 5ᵉ section. Lorsque le chef de bataillon affecte ainsi son groupe de commandement à son unité de base, les capitaines procèdent de même à l'égard de leur groupe de commandement.

Les tambours et clairons, s'ils ne sont pas avec la musique, sont, dans la traversée des localités, placés à quinze pas en avant du premier élément de la compagnie de tête du bataillon. Pour les exercices d'assouplissement, le chef de bataillon peut les placer à dix pas derrière la compagnie de queue ou les renvoyer dans leurs compagnies pour y servir d'agents de transmission.

Colonne de bataillon.

313. Les compagnies ordinaires en ligne de sections par trois, la compagnie de mitrailleuses en ligne de sections par quatre (ou par deux) sont placées l'une derrière l'autre.

Colonne par trois.

314. Les compagnies sont placées l'une derrière l'autre : les compagnies ordinaires en colonne par trois, la compagnie de mitrailleuses en colonne par quatre (ou par deux).

Colonne double.

315. Deux colonnes sont accolées : elles comprennent chacune deux compagnies qui sont dans la même formation qu'en colonne de bataillon et ont leurs fractions de tête à la même hauteur.

Dans la colonne double en ordre normal, les premières et troisièmes compagnies sont têtes de colonne, la compagnie de mitrailleuses est compagnie de queue de la colonne de gauche.

Ligne de colonnes.

316. Les compagnies en ligne de sections par trois ont leurs fractions de tête à la même hauteur; la compagnie de mitrailleuses est, en principe, à la gauche du bataillon.

Bataillon en ligne.

317. Les compagnies sont formées en ligne et placées sur le même alignement; la compagnie de mitrailleuses est en principe à la gauche du bataillon.

La ligne déployée est pour le bataillon une formation exceptionnelle, qui n'est employée que pour certaines circonstances du temps de paix (inspections, revues, service d'ordre, etc.).

Colonne de route.

318. Les compagnies en colonne de route sont placées les unes derrière les autres, à dix pas en principe. Eventuellement, pour diminuer la profondeur de la colonne de route, les compagnies peuvent être formées par quatre ou par six, comme il a été dit au n° 300.

Le chef de bataillon, ayant l'adjudant-major à sa gauche, marche derrière les tambours et clairons, s'ils sont en avant du bataillon.

Le groupe de commandement marche derrière le chef de bataillon et en avant du commandant de la compagnie de tête.

Les infirmiers et les brancardiers, s'ils sont réunis, marchent sous le commandement du médecin du bataillon, à dix pas derrière le dernier élément du bataillon. Ils prennent la même formation qu'une section.

Formations d'approche.

319. Les compagnies en formation d'approche sont disposées les unes par rapport aux autres comme les sections dans les formations d'approche de la compagnie (n° 301). Les formations les plus usitées sont la colonne double et la formation en losange, qui deviennent des formations en triangle dans les cas où la compagnie de mitrailleuses ne marche pas comme une 4e compagnie.

Le chef de bataillon se tient devant l'unité chargée de la direction. Si le bataillon est isolé ou chargé de la direction, cette direction peut être confiée à une compagnie désignée.

Si le bataillon est subordonné, la direction peut être confiée à la compagnie la plus voisine de l'unité de direction.

ARTICLE II.

EXERCICES D'ORDRE SERRÉ.

320. Le bataillon manœuvre en ordre serré comme la compagnie. Les mouvements à exécuter sont des rassemblements, des marches en colonne, du maniement d'armes d'ensemble et les changements de formation nécessaires à la mise en place en vue d'un défilé ou d'une revue.

Il n'est pas fait de séances spéciales d'ordre serré. Le chef de bataillon met à profit les circonstances où le bataillon est groupé avant ou après le travail en terrain varié, pour commander personnellement quelques mouvements. La rentrée en ville et la dislocation au quartier sont également l'occasion d'exécuter quelques mouvements avec la plus grande correction.

321. Pour prendre une formation de rassemblement, le chef de bataillon se porte en avant, de manière à reconnaître l'emplacement à occuper, ou bien il y envoie l'adjudant-major. Il s'établit de sa personne ou établit l'adjudant-major face au point qu'il a choisi pour orienter le rassemblement et indique la formation à prendre. Il peut aussi faire marquer par deux jalonneurs, soit le front de la compagnie de base, soit celui du bataillon.

Le capitaine de la compagnie de base devance son unité, se place derrière le chef de bataillon et exactement dans la même direction, puis il rassemble sa compagnie d'après les principes prescrits au n° 305. Les compagnies subordonnées sont rassemblées de même par leurs capitaines. Le groupe de commandement se rassemble avec la compagnie de base (n° 312).

S'il a été placé des jalonneurs, le sous-officier de droite (homme de gauche) de la compagnie de droite (gauche) appuie sa poitrine contre le coude du premier jalonneur : il en est de même de l'homme qui, à la gauche (droite) de la compagnie ou du bataillon, est en face du deuxième jalonneur.

Dès qu'une compagnie est placée, elle est mise au repos sans rompre les rangs; elle forme les faisceaux, ou bien met fusils et sacs à terre (n°ˢ 283 à 288), suivant les instructions du Chef de bataillon.

322. Les changements de formation sont énoncés par le chef de bataillon qui ajoute ou fait communiquer par l'adjudant-major toutes les indications utiles. Il commande ensuite *Marche* ou *Halte* en allongeant la voix. Ces commandements s'adressent en principe aux capitaines qui font exécuter à leurs compagnies les mouvements nécessaires. Chacun d'eux emploie les moyens qui se prêtent le mieux à une exécution rigoureuse de la part des hommes. Les commandements *Fixe* et *Repos* sont faits par compagnie.

Si le bataillon doit partir, s'arrêter ou manœuvrer d'un bloc à la voix du chef de bataillon, celui-ci l'en prévient par l'indication : *A mon commandement*. Les commandements d'exécution qu'il fait alors sont beaucoup plus brefs et s'adressent directement à la troupe et non plus aux capitaines. En particulier, le maniement d'armes de pied ferme est toujours exécuté au commandement direct du chef de bataillon.

323. Lorsque le bataillon marchant en colonne doit faire un mouvement de maniement d'armes, en vue de rendre les honneurs, le chef de bataillon en donne l'ordre au capitaine de la compagnie de tête. Celui-ci agit de même vis-à-vis de son chef de section de tête, s'il ne peut être entendu dans de bonnes conditions de toute sa compagnie. Chaque capitaine ou chef de section ayant mis son unité au pas cadencé, si elle n'y est déjà, exécute le même mouvement que l'unité qui la précède et a soin de ne faire les commandements nécessaires que lorsqu'il est arrivé à la même place, marquée ou non par un jalonneur, ou à la même distance de la personne à qui les honneurs sont rendus.

ARTICLE III.

EXERCICES D'ASSOUPLISSEMENT.

324. Le bataillon est exercé à passer rapidement d'une formation à une autre et à progresser dans toutes les formations en modifiant sa disposition intérieure ou sa direction.

Le chef de bataillon applique d'une façon générale les principes prescrits à l'Ecole de Compagnie. Il commande à la voix et au geste ou fait transmettre aux capitaines des ordres verbaux par l'adjudant-major ou par les agents de transmission du groupe de commandement. La réception de ces ordres implique l'exécution immédiate à la diligence des capitaines, sans autre signal ou avis.

Le chef de bataillon peut aussi, après avoir envoyé des ordres préparatoires, donner le signal d'exécution par un coup de corne allongé suivi d'un coup bref.

325. Les changements de formation sont effectués dans toutes les directions, en se portant en avant, en continuant à marcher ou en s'arrêtant, très exceptionnellement sur place. Les progressions en formations d'approche sont poursuivies sur les espaces les plus longs dont on peut disposer.

326. La compagnie de mitrailleuses, suivie, s'il y a lieu, de la section d'engins d'accompagnement, prend part à ces exercices comme une quatrième compagnie : elle est généralement placée en queue.

Dans l'étude des formations d'approche, elle peut recevoir un itinéraire particulier, s'il se trouve dans la direction de la marche un chemin plus propice au roulement des voiturettes.

Parfois, elle est répartie par sections entre les compagnies ordinaires; dans ce cas, son capitaine se joint au chef de bataillon : le bataillon prend alors des formations échelonnées comportant, soit une compagnie, soit deux compagnies en première ligne.

A partir du moment où le bataillon se déploie, le groupe de commandement prend une formation déployée analogue à celle des sections voisines.

CHAPITRE III.

LE RÉGIMENT ET LA BRIGADE.

327. Pour se rassembler et manœuvrer, le régiment se dispose par bataillons accolés ou successifs, la brigade par régiments accolés ou successifs.

La disposition des bataillons, et, s'il y a lieu, la formation qu'ils doivent prendre sont fixées par le colonel ou le général de brigade.

Les intervalles et les distances qui séparent les bataillons et les régiments dans un dispositif de rassemblement sont indiqués par le chef.

Les intervalles et les distances qui séparent les bataillons dans un dispositif de marche à travers champ sont très variables. Le chef a toujours intérêt à les prendre aussi grands que les circonstances le permettent.

328. Le *Colonel* et le *Général de brigade* se tiennent habituellement devant le bataillon de base.

Le *Drapeau et sa garde* (1) marchent pendant les routes entre la 2e et la 3e section de la compagnie de tête du régiment.

Pour la traversée des localités, le colonel fait, en principe,

(1) La garde du drapeau est composée d'un sergent et de quatre soldats de 1re classe choisis par le colonel et désignés à l'avance dans chaque bataillon et dans la compagnie hors rang.

jouer la musique et déployer le drapeau. Dans ce cas, le drapeau et sa garde marchent à six pas derrière la musique. Le colonel suit à la même distance derrière la garde du drapeau.

Pour les rassemblements et pendant les marches d'approche, le drapeau est avec un bataillon de queue; il reste roulé dans son étui. Pour les revues et défilés, sa place est indiquée à l'annexe II.

La *musique* est, généralement, pendant les routes, en tête du régiment, avec les tambours et clairons d'un ou de plusieurs bataillons; quand le régiment se rassemble, elle se place derrière un bataillon ou à un emplacement désigné.

La *compagnie hors rang*, selon les ordres du colonel, est en tête ou en queue d'un bataillon désigné, ou bien marche pour son compte, en dehors des bataillons. Elle se range, sauf instructions contraires, dans l'ordre suivant : groupe de commandement, peloton des transmissions, section d'observation, sapeurs ouvriers d'art et sapeurs pionniers, section de porteurs-ravitailleurs, comptables et personnel divers.

Pendant les routes, les sapeurs ouvriers d'art marchent à dix pas devant la musique, précédés, s'il y a lieu, des éclaireurs montés. Les cyclistes se tiennent à quatre pas derrière les officiers montés qui accompagnent le colonel.

329. Les mouvements du régiment et de la brigade s'exécutent en se conformant d'une façon générale aux principes prescrits pour la bataillon.

Le plus souvent, les commandements sont remplacés par des ordres donnés à la voix ou portés par des officiers montés. Dans chaque bataillon, les mouvements sont effectués à la diligence des chefs de bataillon.

APPROUVÉ :

Paris, le 1er février 1920.

Le Ministre de la guerre.

ANDRÉ LEFÈVRE

ANNEXE

Extrait de la *Revue d'Infanterie.*

LÉGENDE :

- Chef de bataillon.
- Capitaine.
- Chef de section.
- Chef de groupe.
- Chef d'équipe.
- Serre-files.
- FM Fusilier tireur.
- 1 P Premier pourvoyeur.
- 2 P Aide pourvoyeur.
- GL Grenadier lanceur.
- GV Grenadier voltigeur.
- VB Grenadier V. B.
- ^ ^ Groupe de commandement.

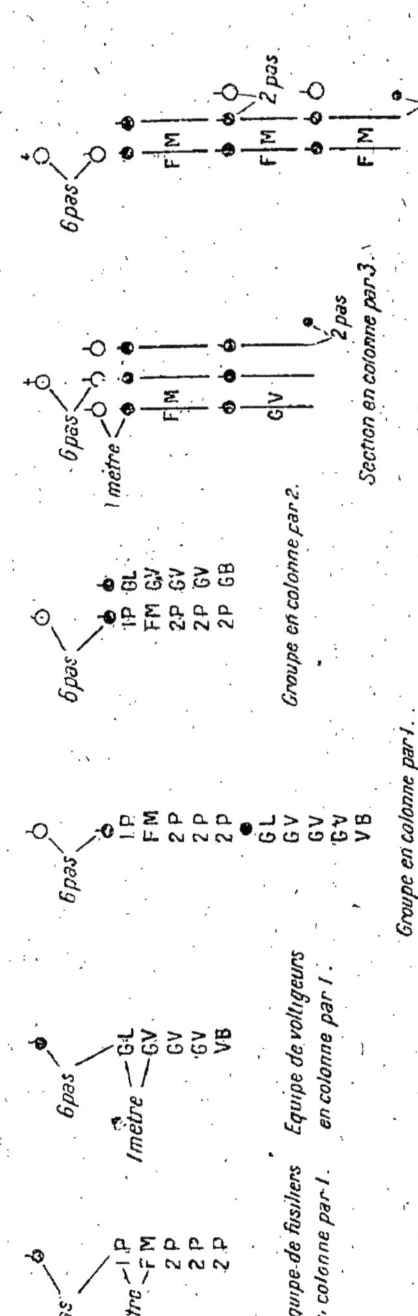

Formations élémentaires en colonne.

Formations en ligne.

(Formations précédentes ayant fait « à gauche ».)

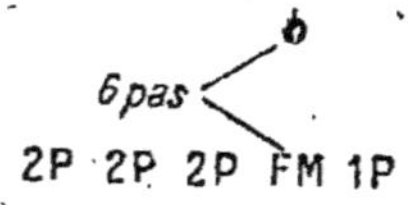

6 pas
2P 2P 2P FM 1P
Equipe de fusiliers en ligne sur un rang

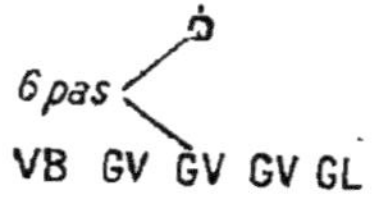

6 pas
VB GV GV GV GL
Équipe de voltigeurs en ligne sur un rang

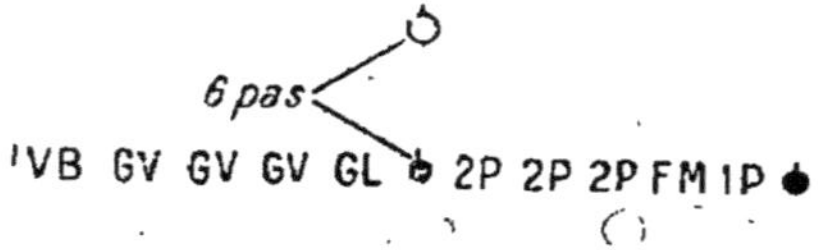

6 pas
VB GV GV GV GL 2P 2P 2P FM 1P
Groupe en ligne sur un rang

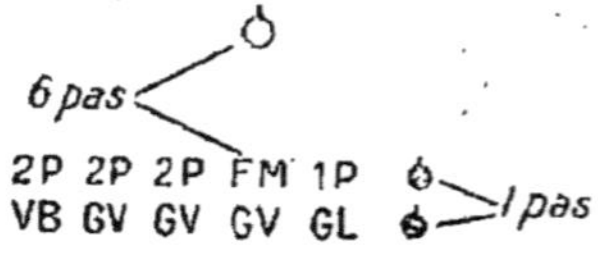

6 pas
2P 2P 2P FM 1P
VB GV GV GV GL
1 pas
Groupe en ligne sur 2 rangs

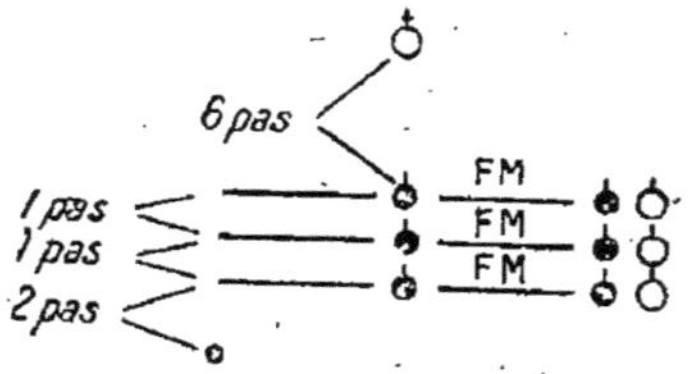

6 pas
1 pas
1 pas
2 pas
FM
FM
FM
Section en ligne sur 3 rangs

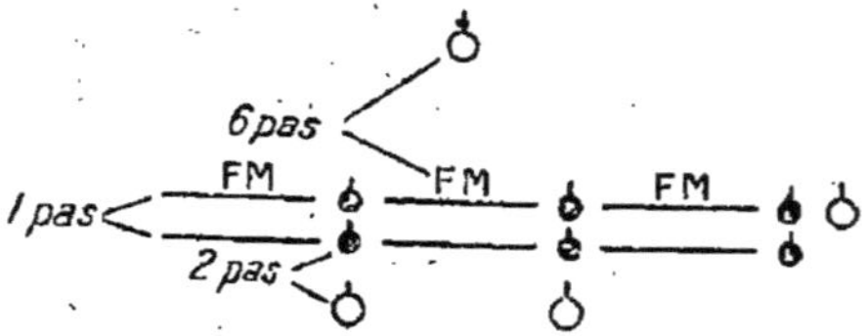

6 pas
1 pas
2 pas
FM FM FM
Section en ligne sur 2 rangs

Déploiements du groupe et de la section.

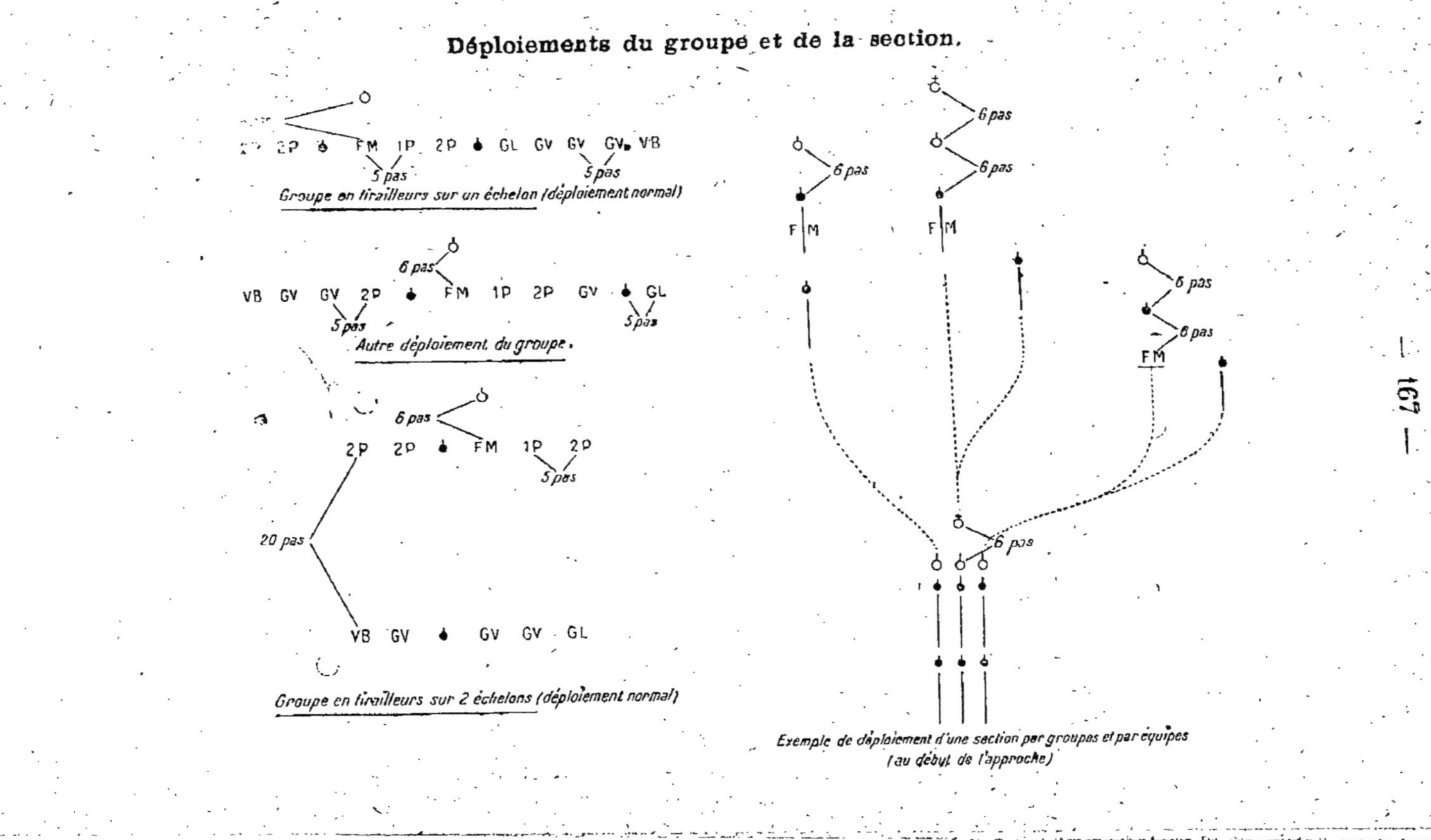

Groupe en tirailleurs sur un échelon (déploiement normal)

Autre déploiement du groupe.

Groupe en tirailleurs sur 2 échelons (déploiement normal)

Exemple de déploiement d'une section par groupes et par équipes (au début de l'approche)

Formations normales de la compagnie.

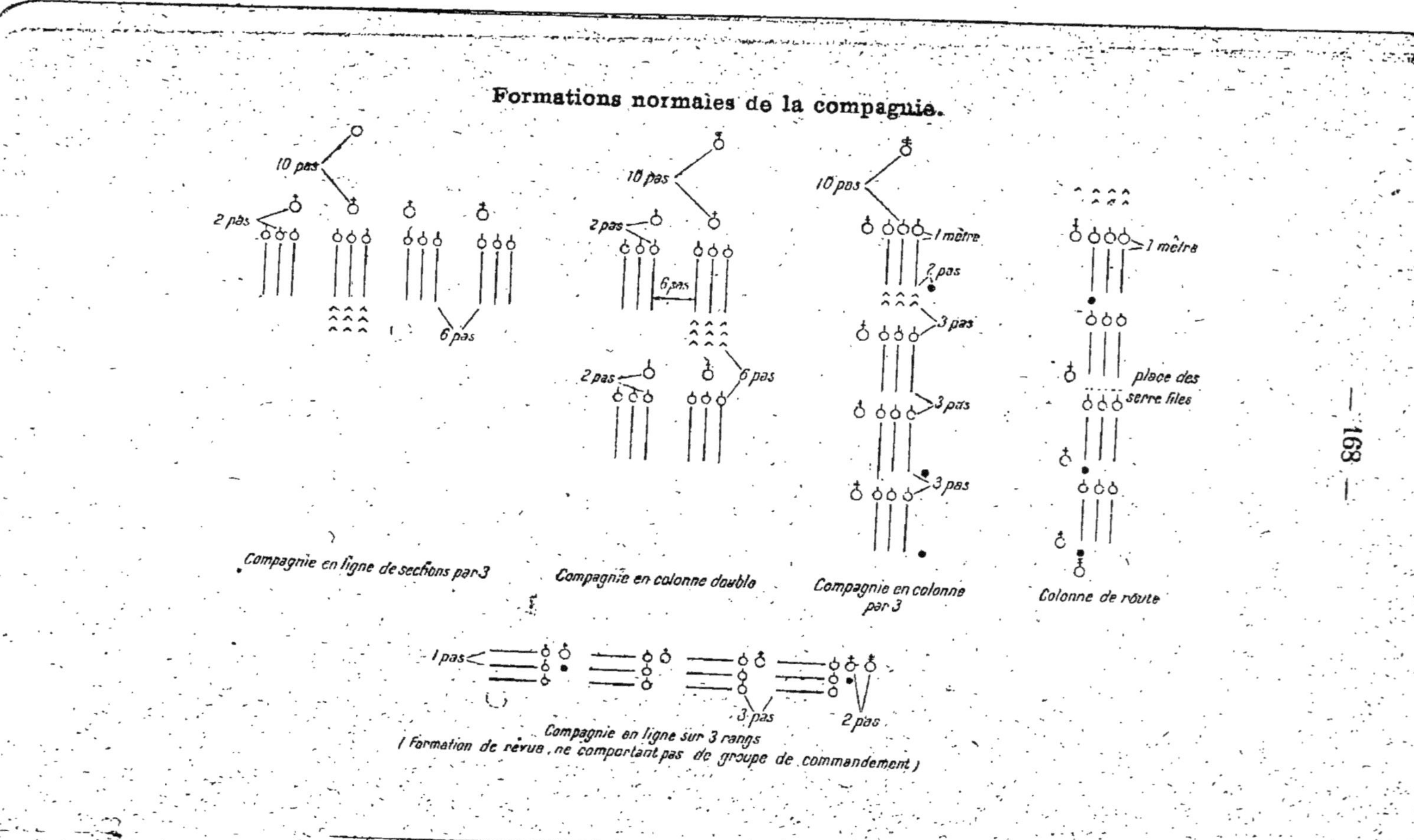

Exemples de formations de la compagnie en vue de l'approche.

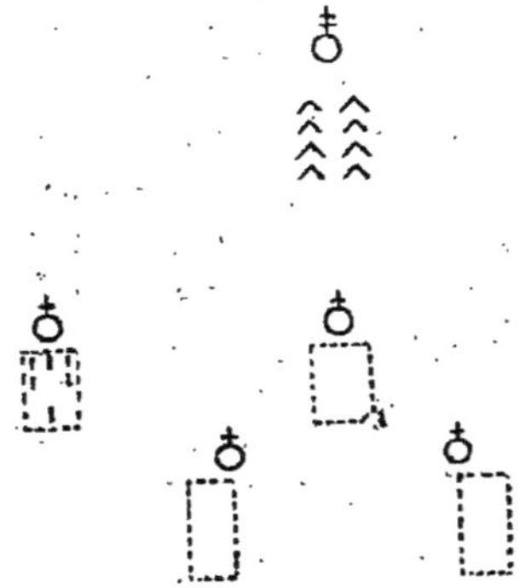

Compagnie en échiquier

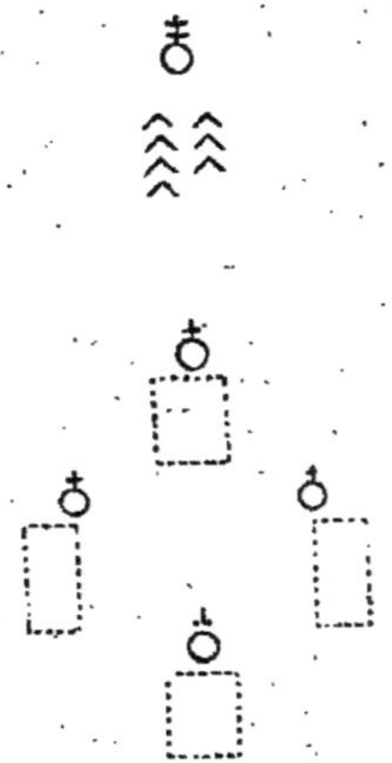

Compagnie en losange

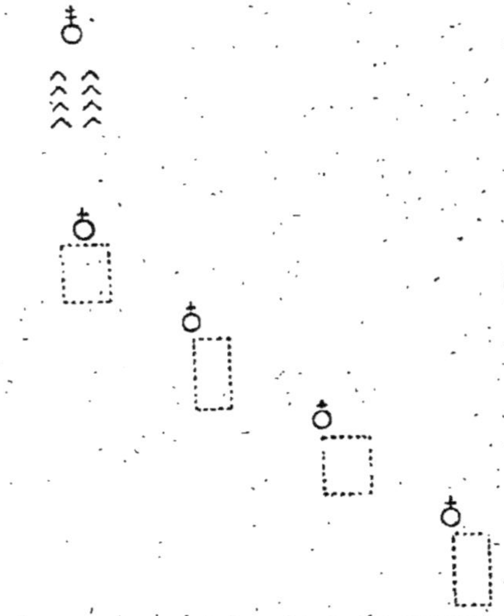

Compagnie en échelons, la gauche en avant.

Formations normales du bataillon.

(*Pour la colonne par 3 et la ligne, voir les formations correspondantes de la compagnie.*)

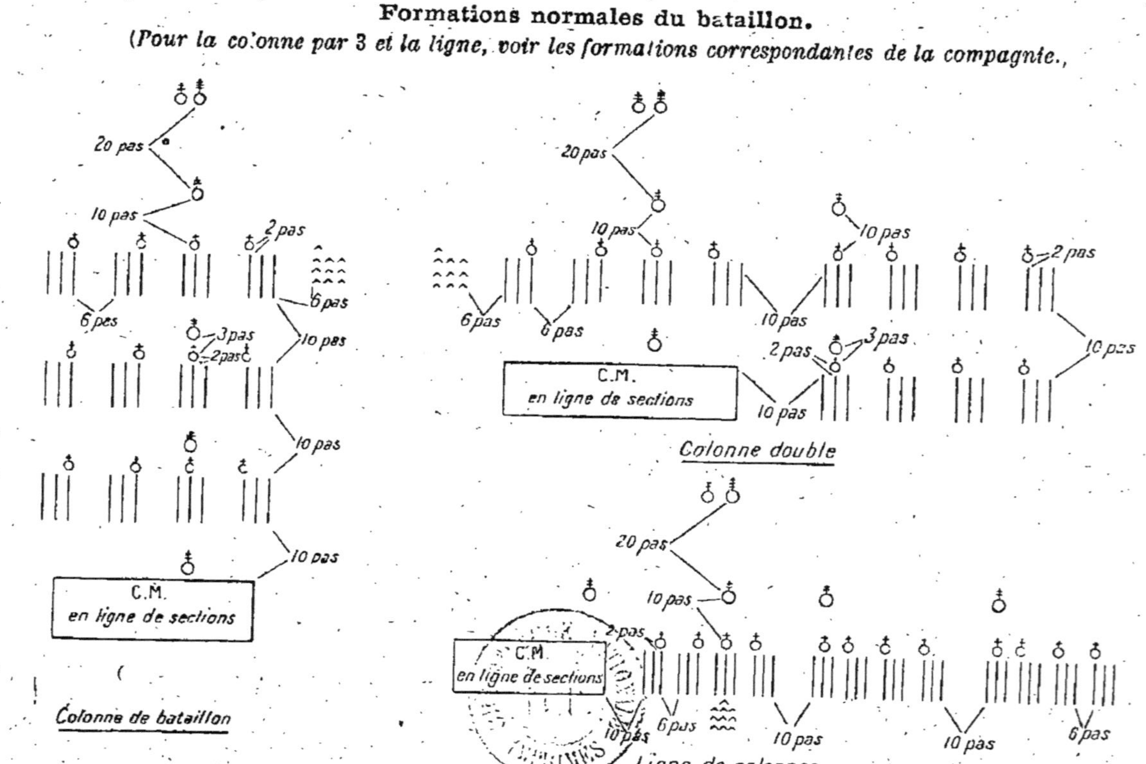

PARIS ET LIMOGES. — IMPR. ET LIBRAIRIE MILITAIRES CHARLES-LAVAUZELLE ET Cie.

BIBLIOTHEQUE NATIONALE DE FRANCE
3 7502 01808486 5

www.ingramcontent.com/pod-product-compliance
Ingram Content Group UK Ltd.
Pitfield, Milton Keynes, MK11 3LW, UK
UKHW022021170726
13837UKWH00001B/327